Au cœur des prud'hommes

DU MÊME AUTEUR

La télévision : enquête sur un univers impitoyable, Lieu commun, 1994.

Véronique Brocard

Au cœur des prud'hommes

Stock

Couverture Benjamin Colombel

ISBN 978-2-234-07825-3

AVANT-PROPOS

Parfois, il suffit de pousser une porte pour apercevoir un monde inconnu, à l'intérêt et au tumulte insoupçonnés. Ce monde s'appelle les conseils des prud'hommes. Je m'y suis rendue pour la première fois citée comme témoin dans une affaire. Ce fut l'occasion de découvrir la justice du travail, la plus ancienne et la plus populaire des juridictions sociales, mais aussi la plus pauvre et la plus négligée. Et peut-être la plus mal connue. Elle vaut bien qu'on s'y attarde pour mieux la comprendre.

Alors, pendant deux ans, j'ai assisté aux audiences du plus important des conseils des prud'hommes, celui de Paris, qui règle 10 % du contentieux. Toutes les semaines, je me suis installée au fond des salles sans apparat et j'ai écouté l'histoire de ces salariés qui se battent pour leurs droits, voire leur dignité. Des jeunes, des vieux, des cadres, des employés, des salariés maltraités, sous-payés, mais aussi tricheurs ou profiteurs. Leurs histoires sont généralement grinçantes, édifiantes, parfois drôles ou d'une grande cruauté, complexes, jamais banales.

Elles racontent le harcèlement, le travail précaire ou dissimulé, les salariés assimilés à des « variables d'ajustement », l'inventivité des patrons pour disparaître, le mépris fait aux travailleurs immigrés, parfois payés moins de 5 € brut de l'heure. Tous les secteurs sont touchés, le bâtiment, la restauration, le commerce, l'hôtellerie, la presse, les musées, les grands magasins, les salons de massage, les sociétés de gardiennage, les écoles, les crèches…

En les additionnant, ces récits composent un formidable tableau de la société d'aujourd'hui, son évolution, ses trous de mémoire, son cynisme. Ils disent le monde du travail et ses dysfonctionnements, mettent en lumière les rapports de force, la hiérarchie, la solidarité, la solitude. C'est en cela qu'ils sont passionnants. L'extraordinaire dans l'ordinaire.

De ces femmes et ces hommes sans renommée, on ne sait rien de leur passé, rien de leur futur. Les conseils des prud'hommes ne sont pas des biographes. Ils n'examinent qu'un moment précis dans la vie des plaignants, celui où se brisent leurs contrats de travail. Ces histoires individuelles ne sont que parcellaires, comme autant d'instantanés. Ce sont des fragments, des fragments considérables.

Visite guidée

Chaque année, près de 200 000 apprentis, salariés en CDI, en CDD, intérimaires ou licenciés saisissent les 210 conseils des prud'hommes répartis sur le territoire français. Comme un ressac incessant qui va et vient et se fracasse sur la dureté du monde du travail, ces centaines de milliers d'affaires disparaissent, aussitôt remplacées par de nouveaux dossiers. La justice du travail est une justice de masse. Elle ne connaît pas de répit. Elle rame aussi, faute de moyens et d'une véritable reconnaissance. On la maltraite. On la relègue dans des annexes ou aux confins des cités judiciaires. Sauf exception, aucun conseil des prud'hommes ne siège dans ces palais auréolés des ors de la République. C'est ainsi, la justice sociale se rend à l'écart. Et en sourdine.

Les audiences des prud'hommes n'offrent pas la dramaturgie des cours d'assises ou des tribunaux correctionnels. Il n'y a ni sang ni hurlements, il n'y a pas non plus d'assassin ni de victime. Mais la discrétion n'empêche pas la douleur. Chaque affaire est un drame qui se vit avec les tripes, et que suit son cortège de larmes, d'injustice, de peur, d'espoir de compensations financières, de rêves de lendemain heureux.

Que savons-nous de cette juridiction de très grande proximité, rendue par des conseillers issus de la société civile ? En vérité, bien peu de chose. Ni son histoire vieille de plusieurs siècles ni son fonctionnement, quasi identique à celui de ses débuts quand ils ont été créés, au Moyen Âge, pour trancher les litiges entre les marchands et les fabricants présents sur les marchés et les foires. On ignore presque tout de l'obligation de parité entre employeurs et salariés, du nombre de ses juges, de leur formation, de leur élection et de la durée de leur mandat. On ne sait rien des difficultés de ce grand corps malade.

Pourtant, elle nous semble bien familière cette justice prud'homale. Peut-être parce qu'on connaît tous un proche, un collègue, ou un ami d'un ami qui « a été aux prud'hommes ». Peut-être aussi, et surtout, parce qu'inscrite dans la vie salariale elle est bien comprise pour ce qu'elle est : un véritable recours où chacun peut obtenir réparation, du moins l'espérer.

Juridiquement, les prud'hommes défendent les droits des travailleurs en réglant les litiges individuels nés à l'occasion de l'exécution d'un contrat de droit privé. On ne peut donc pas les saisir si on est fonctionnaire ou en groupe. Les actions qui concernent des centaines de salariés poursuivant le même employeur sont en réalité l'addition de tous les dossiers déposés un par un. On peut avoir recours à la justice du travail pour des raisons multiples : un conflit lié à un licenciement, à une sanction disciplinaire, au paiement du salaire ou de primes, à la durée de travail, des jours de repos ou de congés. On peut demander la remise d'une attestation destinée à Pôle Emploi ou d'un certificat de travail, mais aussi se plaindre des conditions d'hygiène et de sécurité du poste de travail, de harcèlement moral et sexuel.

Déjà au XIe siècle…

Sur une étagère du conseil de Paris se trouve un trésor. Un trésor que personne ne protège vraiment, qu'aucune main amie ne glisse dans un coffre-fort ou sous un globe à l'abri de la lumière. C'est un grand registre administratif aux pages jaunies couvertes d'écritures calligraphiées à la plume. Chaque page porte le nom et la signature des conseillers qui ont siégé, mois après mois, année par année, et ce depuis plus de cent ans. En l'ouvrant au hasard, on peut lire sur une double page : année 1909, mois de juillet, émargement, noms des prudhommes (sans apostrophe à l'époque). En face de leur patronyme enregistré par ordre alphabétique, MM. Badin, Baladier, Barbé, Borel, Fayard, Fontaine, Fromont, Jasmin, Mercier, Pichon ont apposé leur signature, tracée d'une écriture fine et souvent indéchiffrable. Pour avoir siégé, ils ont touché 150 F.

Ce livre est la mémoire des prud'hommes. Il est le témoin de l'activité de cette juridiction dont les racines s'enfoncent profondément dans l'histoire de France. C'est au XIe siècle qu'apparaît le terme « prud-homme », qui signifie « homme de valeur, prudent, de bon conseil ». Il est issu de « preux homme » ou « prode homme », provenant tous deux de la même racine latine dérivée du verbe latin *prodesse* : « être utile ». Ce terme, « prudhomme », s'appliquait alors à ceux que l'on désignait comme les « défenseurs du métier » et qui, artisans eux-mêmes, tranchaient les conflits entre les membres de leur corporation.

À la fin du XIIIe siècle, sous le règne de Philippe le Bel, précisément en l'an 1296, le conseil de la Ville de Paris crée vingt-quatre prud'hommes et les charge d'assister le prévôt dans l'arbitrage des litiges entre les marchands qui animent les foires et les marchés. Après Paris, Lyon crée le sien pour régler les litiges avec les canuts. Vient ensuite celui de Marseille qui s'occupe principalement des marins, puis ceux des autres villes où le commerce est florissant. Cette institution survivra à la révolution de 1789. Dix-sept ans plus tard, le 18 mars 1806, un décret napoléonien figera les prud'hommes dans leur forme (presque) actuelle, et marquera leur date de naissance officielle.

En 1917, la rétribution des juges prud'homaux sera augmentée de 50 F par le conseil municipal de la Seine. M. Fiancette, le conseiller qui avait déposé cette requête, expliquait alors ceci : « Le conseil des prud'hommes est populaire. Il concilie de nombreuses affaires. Il est, par excellence, le tribunal de la concorde. Il solutionne toujours les différends dans l'intérêt des parties et de la cause. En conséquence, poursuivait-il, pour permettre aux conseillers de continuer de bien travailler, 200 F leur sont nécessaires, notamment à cause de l'augmentation des transports en commun et des frais occasionnés. » En 1940, cette « somme à payer » est de 600 F. Désormais, le taux de la vacation horaire est de 14,10 €, et de 7,05 € net après 18 heures pour les juges employeurs. Les juges salariés conservent leur salaire payé par leur entreprise qui se fait rembourser par le ministère de la Justice. Un conseiller siège, en général, une ou deux fois par mois, soit une dizaine d'heures auxquelles s'ajoute le temps de la rédaction des jugements.

Actuellement, les 14 512 conseillers des 210 conseils des prud'hommes présents sur tout le territoire sont élus, tous les cinq ans, à la proportionnelle sur des listes syndicales, patronales ou salariales. Lors de la dernière élection, en 2008, 18,7 millions d'électeurs étaient concernés par ce scrutin national qui se déroule sur une journée. Qui participe ? Les employeurs, les apprentis, les salariés en CDD, en CDI, les intérimaires, les chômeurs. Cette élection est ouverte à tous ceux qui sont, ou ont été, liés au monde du travail. Les étrangers, sans distinction d'origine, ont le droit de voter, ainsi que les jeunes à partir de 16 ans. L'inscription sur les listes électorales est automatique si vous êtes salarié. C'est l'employeur qui transmet les données au centre de traitement des informations prud'homales. Les employés de maison ou les Voyageurs Représentants Placiers (VRP) doivent s'inscrire eux-mêmes. Ensuite, vous recevez une carte d'électeur et une enveloppe contenant un matériel de vote pour désigner de façon directe les juges prud'homaux.

Pour être élu, il faut avoir 21 ans, être de nationalité française, n'avoir fait l'objet d'aucune condamnation entraînant l'inéligibilité. Il faut également être employeur, salarié, retraité ou demandeur d'emploi, exerçant ou ayant exercé son métier dans tous les secteurs d'activités, aux fonctions les plus diverses.

Le nombre des juges prud'homaux est toujours pair, à part égale entre un collège de salariés et un collège d'employeurs. Quatre juges, deux issus de l'un, deux issus de l'autre, siègent à chaque audience. Cette parité absolue est au cœur des prud'hommes. C'est la règle depuis longtemps, c'est la loi. Mieux encore, c'est l'essence même et la vertu du conseil des prud'hommes : une justice des gens rendue par des gens, une justice modeste qui n'aime pas les marques d'arrogance, qu'elles soient politiques ou financières. C'est, peut-être, là que réside le secret de la longévité de cette juridiction populaire qui souffre d'une pauvreté chronique.

Misère endémique et empilement des lois

S'ils assurent « ne pas venir y siéger pour faire fortune », les conseillers réclament à l'encan l'amélioration de leurs conditions de travail. L'été, au 27 de la rue Louis-Blanc, sous cette armature de verre et d'acier qui accueille les prud'hommes de Paris, le personnel étouffe dans les bureaux. Pour boire, juges, greffiers et personnel administratif doivent se contenter de l'eau du robinet des toilettes plutôt que celle des fontaines d'eau jamais installées. L'hiver, ils gèlent, surtout à l'accueil, quand la porte automatique reste ouverte en permanence. Lors de la dernière grande vague de froid, les greffières ont menacé de faire jouer leur droit de retrait pour avoir du chauffage.

Désagréments supplémentaires : acheter un code du travail est un luxe, et l'accès à Internet est restreint. Les conseillers doivent acheter leur médaille. Quelques-unes sont mises à leur disposition. Elles passent de cou en cou. « Au bout de vingt ans, pas lavées, elles sont sales, sentent mauvais, bref, sont repoussantes », constate, agacé, un président de chambre. « Le manque de moyens est criant, et le ministère de la Justice dont nous dépendons a sa part de responsabilité », ajoute un ancien vice-président du conseil des prud'hommes de la capitale.

Comment peuvent-ils décemment travailler et rendre la justice au nom de la République française dans une pareille misère ? En 2012, il y avait seulement 10 codes mis à la disposition des 832 conseillers, dont 174 présidents d'audience et 23 chambres, 3 bureaux pour rédiger les jugements, une imprimante par bureau de greffiers au nombre très insuffisant et dont les départs ne sont pas remplacés, 10 ordinateurs et aucun relié à Internet, une bibliothèque qui ne sert pas à grand-chose, n'étant elle non plus pas connectée à un réseau. En 2013, le budget prévoyait une baisse de 13 % pour les fournitures de bureau, enveloppes comprises. Comme les saisines ont augmenté de plus de 30 % et que c'est au conseil d'envoyer les convocations, il en manque. La présidence doit alors solliciter le renouvellement du stock. L'autorisation lui est accordée, mais pour un mois seulement, contraignant à multiplier l'opération plusieurs fois dans l'année. Une bonne nouvelle quand même : les ordinateurs ont fini par être reliés à Internet en octobre 2013. Rêvons un peu : en 2014, le président et le vice-président du conseil des prud'hommes de Paris auront peut-être la chance de bénéficier d'une boîte e-mail de fonction. Aujourd'hui, ils doivent toujours passer par le greffe pour communiquer.

« Franchement, on fait vraiment le maximum avec ce qu'on a. » Carrure de rugbyman, amateur de café, conducteur de métro, toujours salarié de la RATP, militant CFDT et ancien président du conseil, Gilles Soetemondt siège depuis vingt et un ans. C'est dire qu'il connaît bien les arcanes de ce « monstre », selon son expression, qui doit, avec les moyens du bord, s'adapter à une évolution constante et de plus en plus rapide des conflits et des lois. « Si aujourd'hui tout s'est compliqué, c'est bien à cause du patronat qui a multiplié le temps de travail. CDD, intérim, toutes sortes de petits contrats qui se sont greffés, d'où une accumulation de textes », ajoute Gilles Soetemondt. « Prenons l'article L-122-12 du code du travail qui conduit à garder les salariés dans une entreprise s'il survient une modification dans la situation juridique de l'employeur (succession, vente, fusion, transformation du fonds, mise en société...), comme il n'était pas forcément compréhensible et laissait plusieurs interprétations possibles, il a été entièrement réécrit sous le numéro L-1224-1. Résultat : au lieu d'un article, on en a dix, un par mot. »

Pour Isabelle Jonquois, avocate spécialisée dans le droit social, la complexité de plus en plus grande du droit du travail est provoquée par « l'empilement des nouvelles lois » : « Prenons la période d'essai pour un salarié. La dernière loi considère que les conventions collectives ne sont plus les textes de référence. Si ces dernières sont trop anciennes, c'est la loi qui prend le dessus. Du coup, le calcul de la période d'essai est de plus en plus difficile à faire. Second exemple : la loi des 35 heures. Il y a tellement d'exceptions qu'on a du mal à s'y retrouver. En théorie, les 35 heures continuent d'exister, mais pas dans la pratique. »

Autre cause de cette prise de volume du code du travail : le fait qu'on ne retranche pas les articles qui ont été modifiés, à croire Gilles Soetemondt. « On peut lire qu'il est interdit de boire de l'alcool sur le lieu de travail, mais on a gardé "sauf de l'hydromel, du cidre et du poiré" ! La "chambre d'allaitement" existe toujours dans le texte. Les femmes pourraient exiger l'application de ce droit et demander l'installation de cet espace pour donner le sein ! Vous en connaissez beaucoup de mères qui aujourd'hui font ça ? À un moment, il faut être en adéquation avec son temps. » La réalité du travail s'appelle surtout plans de sauvegarde de l'emploi, ruptures conventionnelles, Accord national interprofessionnel, mais aussi discrimination et harcèlement moral ou sexuel. « Ce sont des maux qui ont toujours existé, mais qui ont pris de l'ampleur, note ce syndicaliste CFDT.

On s'occupe mieux de ces dossiers. Le problème, c'est qu'on a quinze minutes pour entendre la version A et quinze minutes pour écouter la version B. Pour les gens, c'est souvent l'histoire de leur vie. Or nous devons prendre une décision en quelques minutes. »

Un quart d'heure pour le plaignant, un quart d'heure pour la défense. Comme si chacun montait sur un ring symbolique et devait emporter l'affaire, en deux rounds seulement.

Une foule d'anonymes

Ici, il faut faire vite, très vite, être concis, aller droit au but. Cadres ou employés, salariés en CDD ou en CDI, travailleurs précaires ou intérimaires, tous sont soumis au même régime. Convocation, attente, plaidoiries. Une foule d'anonymes se côtoient sans se voir. Un manutentionnaire, une chef coiffeuse, un plongeur, une prothésiste dentaire, une masseuse, des gardiens de musée, un prof, une attachée de direction, des représentants de commerce, des femmes de ménage, des maîtres-chiens, une bonne de curé ....

Chacun porte ses habits de travail, comme autant de marqueurs de leur activité professionnelle et de leur condition sociale. Costume-cravate assorti de smartphone, lourde veste en cuir ou jogging ; talons hauts, sac de marque ou vêtements modestes. Attitude, corpulence, vêtements, chaussures : tout les différencie, les sépare. Pourtant, à les regarder espérer en silence que vienne leur tour, ils finissent par se ressembler. Même façon de prendre leur mal en patience, d'essayer de tromper l'ennui en allant marcher dans le couloir, de s'empresser, sitôt l'affaire plaidée, d'aller respirer l'air de la rue.

Les audiences devant le conseil des prud'hommes ont des vertus insoupçonnées. La banalité volontaire de ses débats, la longueur des après-midi souvent sans relief, le peu d'intérêt médiatique qu'elles suscitent arasent les différences sociales. Chacun est remis à sa place, celle de n'importe quel salarié qui demande réparation, certains plus modestement encore que les autres.

Ils sont les invisibles. Ceux qu'on ne voit jamais, qui travaillent très tôt ou très tard, au fond des cuisines des restaurants, sur les chantiers ou dans les chambres d'hôtels, salariés sans nom et sans qualité, souvent immigrés. Il y a toujours quelque chose d'immensément triste à assister à ces audiences. Peut-être parce qu'on mesure le mépris et la violence sociale qu'ils subissent. Rarement ils revendiquent. Rarement ils se montrent. Mais quand ils osent, ils s'enveloppent de dignité, les femmes surtout. Alors elles s'habillent bien pour l'audience et, la tête bien droite, elles regardent sans ciller les représentants de la justice du travail. Un jour, les juges ont donné tort à l'une d'entre elles qui pourtant était sûre de son bon droit. Après le prononcé du jugement, elle s'en est allée comme elle est venue. Seule. Silencieuse. Elle a marché dans le couloir jusqu'à l'ascenseur et a disparu. Elle n'a pas fait appel. Que vaut une travailleuse précaire doublée d'une travailleuse immigrée ? Pas grand-chose, une ombre furtive qui un instant a demandé sinon son dû, du moins de l'attention.

Déçue, elle l'a été, comme le fut son défenseur, Étienne Deschamps, juriste à la Confédération nationale du travail (CNT), le syndicat anarchiste, qui, en 2004, a créé la section nettoyage, « pour faire face à l'augmentation des conflits ». Depuis de longues années, il est le porte-parole de ces « salariés exclusivement employés dans ce domaine d'activité et qui demandent le respect de leurs droits prévu par le code du travail ». Il les conseille, les soutient, traduit leurs mots maladroits, prononcés dans un français souvent approximatif, plaide leur contestation de licenciement, le non-respect de la convention collective, le non-paiement des heures supplémentaires. Il raccommode leurs dossiers pleins de trous, mal ficelés, pauvres en arguments techniques. Souvent, quand ils se plaignent, il est juridiquement trop tard.

Chaque mois, Étienne Deschamps défend trente à quarante de ces employés. Et d'année en année, leur nombre augmente. Pour ces travailleurs de troisième zone, les temps sont de plus en plus durs. « Quand j'ai commencé à m'occuper d'eux, il était rare de les voir craquer, pleurer, en venant au local syndical exposer leur situation. Maintenant, ces cas sont nombreux. Les conditions de travail se sont fortement dégradées, les patrons mettent une plus grande pression », explique cet homme toujours calme, voire distant, au ton posé et affûté. Alors que les salariés étaient trois, ils ne sont plus que deux pour faire le même boulot. Les pressions physiques et psychologiques sont de plus en plus fortes. La précarisation est extrême. Les temps partiels sont la règle et l'amplitude horaire s'accroît à en devenir intenable. Ils travaillent de 6 heures à 9 heures, puis de 17 heures à 21 heures. À cela s'ajoute le temps de transports en commun. La plupart de ces employés habitent dans la grande périphérie de Paris. Ils mettent généralement une heure à une heure et demie pour rejoindre leur poste. Ils se lèvent très tôt et rentrent très tard chez eux. Cela a des incidences sur leur vie de famille, l'éducation de leurs enfants qu'ils voient peu ou pas du tout. »

La quasi totalité des salariés affectés à ce qu'ils appellent les « chantiers », c'est-à-dire aux bureaux des grosses entreprises, les tours de la Défense, les parties communes des HLM, des copropriétés, les banques, sont des immigrés. Certains n'ont pas de papiers. Les employeurs préfèrent embaucher ces salariés dont la fragilité administrative peut servir de moyen de pression. « Avec les lois qui interdisent clairement le travail dissimulé par les patrons, le phénomène est en récession depuis 2008, précise Étienne Deschamps, mais la crise fait que les relations sociales se tendent encore plus. Aux prud'hommes, qui sont une sorte de chambre de résonance, nous ressentons cette tension. Chacun durcit sa position. »

Combien sont-ils, ces travailleurs immigrés, à vivre ainsi ? Qui sont-ils ? Leurs conditions de travail n'intéressent personne, eux-mêmes n'en font guère de publicité. Et pour cause, le mot d'ordre du travailleur immigré, qui plus est en situation illégale, est la discrétion, voire l'effacement jusqu'à la disparition. On ne leur laisse pas d'autre choix que de rester dans leur monde souterrain, si proche, si lointain. Mais, parfois, grâce aux audiences des prud'hommes, se soulève un coin du grand molleton d'indifférence que nous avons collectivement jeté sur cette misère. Et nous sautent au visage les morceaux de vie du peuple d'en bas.

Soupçons d'incompétence

Loterie, incompétence, décisions issues de petits arrangements ou rendues au doigt mouillé par des juges issus de la société civile, forcément moins pertinents que les professionnels du droit. Les critiques ne sont pas tendres à l'égard des prud'hommes. Les patrons s'en méfient, ils les accusent de leur donner systématiquement tort. Et puis s'ils pouvaient se débarrasser de ces syndicats qui ont voix au chapitre…

Les avocats spécialistes font preuve de prudence. « Les décisions peuvent être étonnantes. » « Le conseil des prud'hommes est une juridiction un peu spéciale où règne le bon sens plus que le droit. » « Souvent, il est difficile de prévoir un résultat. Quand mes clients me demandent s'ils ont des chances de gagner, je préfère réserver ma réponse, car parfois on a des surprises. » Et quand les jugements déplaisent aux salariés, qui pourtant gagnent dans 70 % des cas, ils crient à l'injustice.

Alors comment se prennent les décisions ? Qui donne raison à qui ? Les juges employeurs aux employeurs ? les juges salariés aux salariés ? Comme la vie des prud'hommes serait simple si les réponses à ces questions étaient faciles. Noir d'un côté, blanc de l'autre, selon une dichotomie rassurante et sans surprise. Les choses ne se passent évidemment pas comme cela, tout simplement parce que la mécanique l'interdit.

Chaque affaire est examinée par quatre conseillers, à parité égale entre les représentants de chaque collège, soit deux du côté salarié, deux du côté employeur. Pour prendre une décision, il faut une majorité, soit trois voix. Cela implique donc qu'un des deux représentants des salariés ou des employeurs doit s'effacer pour se rallier à l'opinion des deux autres. Il se peut, de plus en plus souvent d'ailleurs, qu'ils n'arrivent pas à s'entendre et que les deux camps maintiennent leurs positions. Pour sortir de l'impasse, ils renvoient l'affaire en « départage ». Celle-ci sera rejugée quelques mois plus tard, lors d'une nouvelle audience présidée, cette fois, par un juge professionnel, dit « juge départiteur », qui prendra la décision. Enfin, si le litige porte sur des sommes supérieures à 5 000 €, chacun peut la contester. En 2012, selon les chiffres de la Chancellerie, 62,1 % des dossiers sont allés tenter une deuxième chance devant la cour d'appel.

C'est énorme, au regard des autres juridictions pénales ou civiles (15 % pour le tribunal de grande instance). Ce n'est pas pour autant la preuve d'un dysfonctionnement, puisque les cours d'appel confirment un très grand nombre des décisions prises par les prud'hommes. « Sur cent affaires qu'elle examine, la cour d'appel confirme 70 % des jugements des prud'hommes », explique Jacques-Frédéric Sauvage, l'actuel président du conseil de Paris, élu sur les listes du Medef depuis 1979. « Les 30 % restant se répartissent ainsi : dans 20 % des cas, la cour aggrave les condamnations à l'encontre des entreprises, dans les 10 %, elle minore les sommes à payer ou déboute le plaignant. Certes, certains jugements peuvent être étonnants, mais dans leur grande majorité les décisions des prud'hommes sont solides. » Parce qu'au bout du compte, ils ne sont pas si mauvais.

Comment sont-ils formés ces juges prud'homaux, syndicalistes pour les salariés, souvent directeurs des relations humaines pour les employeurs. Si certains, et ce n'est pas la majorité, ont utilisé le code du travail dans l'exercice de leur mandat ou de leur profession, aucun n'a fait de véritables études juridiques. Les conseillers employeurs ont quatre à cinq jours de formation par an, un peu plus pour les salariés. Celle-ci n'a d'ailleurs aucun caractère obligatoire. Tous bénéficient d'un système de tutorat où les anciens forment les nouveaux. En réalité, c'est la pratique qui compte le plus.

« Connaître par cœur le code du travail ne fera pas forcément de vous un bon conseiller », assure un juge prud'homal élu depuis de longues années. « Plus on siège, plus on acquiert de réflexes, on sait poser les bonnes questions pour trouver la vérité d'une affaire qui nous est présentée. Nous avons la chance de connaître la réalité de la vie de l'entreprise. »

« Comment peut-on comprendre qu'un bagagiste refuse de porter des bagages et qu'il a de très bonnes raisons pour cela ? Pour y répondre, il faut connaître les rouages d'un hôtel, entre le concierge, la réception et les clients. Et ça on ne peut pas l'apprendre dans les livres. »

Pragmatiques, les conseillers s'adaptent aux évolutions juridiques, mais aussi à celles de la société, qui se traduisent par de nouvelles vagues de saisines. La plus significative concerne les cadres qui, face à un marché de l'emploi qui se raréfie, n'hésitent plus à saisir le conseil des prud'hommes, faisant du même coup déborder la section de l'encadrement.

Si vous vous rendez au conseil des prud'hommes, vous ne manquerez pas de croiser un homme aux cheveux très blancs. Grand, calme, il est toujours assis du côté droit des salles d'audience, celui traditionnellement réservé aux plaignants. Douze ans qu'Emmanuel Visse, délégué syndical CGT, défend les salariés contre les patrons. Sans distinction. Des femmes de ménage aux ouvriers du bâtiment, des sans-papiers aux cadres. « Jusqu'à la fin des années 1970, un cadre était un salarié protégé. Depuis 1984-1985, ce n'est plus le cas. Les cadres sont soumis aux mêmes contraintes que les employés, voire plus. Ils craquent face aux objectifs irréalisables. Avec eux, les employeurs sont de plus en plus exigeants et de moins en moins respectueux. Ils leur proposent des contrats à 1 500 € net par mois. Il y a encore dix ans, c'était inimaginable », constate ce cheminot à la retraite. Les conflits se multiplient, le sentiment d'abandon et de maltraitance s'accroît.

« Actuellement, je défends un cadre dont l'employeur s'est, purement et simplement, débarrassé », explique le syndicaliste. L'histoire est édifiante. En juillet, une entreprise lui fait une promesse d'embauche. En août, elle transforme le CDI promis en CDD. En septembre, c'est la porte. Mieux qu'une corde pour se pendre, il a saisi le conseil des prud'hommes pour réclamer justice.

Sur le front des embrouilles patronales, cette nouvelle tendance : les entreprises qui n'existent pas. Une arnaque formidable et un véritable drame pour les salariés. Le système est imparable. On vous embauche après un entretien très sérieux, on vous établit des feuilles de paie qui ressemblent à des vraies, avec numéro de SIRET, retenues de cotisation Sécurité sociale, assurance chômage, assurance vieillesse, droit individuel à la formation, etc. Vous travaillez tranquillement, sans vous douter de rien. Et puis, un jour, plus rien. Quand vous arrivez au boulot, l'entreprise a disparu. Volatilisé, le patron. Et vous, vous restez là, comme un imbécile face à du vide. Sans boulot, mais aussi sans chômage, puisque l'entreprise fantôme ne vous délivrera jamais l'attestation indispensable à l'ouverture des droits de Pôle emploi. « Ces cas sont de plus en plus fréquents, note Emmanuel Visse. Il faut faire appel à des huissiers, à l'assurance de garantie sur les salaires. » Une vraie plaie.

Frontière invisible

Aux prud'hommes, la neutralité est de mise. Rien ne doit indiquer qui est qui parmi les juges prud'homaux. Aucun signe ne distingue ceux issus du collège des employeurs et ceux appartenant à celui des salariés. Seule l'habitude et quelques marques extérieures permettent de supposer leur appartenance. Parfois, elle est manifeste et revendiquée. L'exception qui confirme la règle. Tel président qui multiplie les remarques acerbes provoquées par les demandes des salariés. Tel autre qui s'agace contre les patrons et donne toutes les chances aux plaignants. Mais ces attitudes ostentatoires sont rares et les différences sont généralement difficiles à cerner. Pourtant, il existe entre les conseillers des deux bords une frontière invisible, tracée par l'hostilité des uns à l'égard des autres, qui se manifeste dans le résultat des décisions.

À l'occasion de la traditionnelle rentrée solennelle du conseil des prud'hommes de Paris, Anne Dufour, son ancienne présidente, déplorait cette « dégradation des relations entre les conseillers ». En janvier 2013, devant les représentants des chambres sociales de la Cour de cassation, de la cour d'appel, le bâtonnier et le sous-préfet, elle poursuivait sans détour : « Ces derniers temps, en cas de désaccord sur un point de droit, certains se croient autorisés à mettre en doute la bonne foi, voire la probité, des autres. Cette dérive est dangereuse pour l'institution et inacceptable humainement. Elle revient également à donner une image déplorable du conseil. » Et encore, afin d'être bien comprise de tous : « Si nous ne sommes pas capables de nous respecter entre nous, comment pouvons-nous prétendre être capables de résoudre les litiges qui nous sont soumis ? Notre attachement à la prud'homie doit se traduire par le sérieux et la qualité de nos décisions et de notre attitude. » Que les choses soient bien claires : la guerre de tranchées entre les conseillers employeurs et les conseillers salariés doit cesser.

Dans les faits, cette incapacité à se mettre d'accord se traduit par une augmentation problématique des audiences en départage qui renvoient à un juge professionnel la responsabilité de prendre une décision. En 2012, ces affaires, qui ne devraient être qu'une exception, représentaient 21, 95 % des jugements. En 2013, la tendance, loin de s'inverser, s'est encore aggravée. À terme, cette paralysie risque de dégrader le fonctionnement des prud'hommes. Et, du coup, donner des armes à ses détracteurs : le Medef, par exemple, qui se tient en embuscade, prêt à fragiliser cette justice sociale dont il se méfie. Les plus hostiles de ses militants anti-prud'hommes considèrent même qu'ils pourrissent le monde du travail et freinent l'embauche.

Une lenteur insupportable

À Nanterre, si vous saisissez aujourd'hui le conseil des prud'hommes, vous serez convoqué en... 2016 ! À Paris, c'est moins long. Dans le meilleur des cas, si le dossier ne contient pas de problèmes particuliers, si vous n'avez pas un adversaire qui soulève sans cesse des exceptions de procédure, il faut attendre quinze à dix-huit mois pour être jugé, trois ans s'il est examiné de nouveau en formation de départage, cinq ans s'il est renvoyé devant la cour d'appel. À cela, il faut ajouter la rédaction des jugements, trop longue également. Parfois, il faut patienter plus de six mois, voire un an, pour en obtenir la copie. Or seul ce document écrit permet de faire exécuter une décision. C'est lourd. Et pénalisant pour les salariés qui ont besoin de se mettre dans une nouvelle dynamique. À qui la faute, cette lenteur insupportable ? Au manque de moyens, à l'opposition des collèges, mais aussi aux avocats qui multiplient les demandes de renvoi. Comme s'il était devenu normal qu'une affaire ne puisse pas être plaidée dès la première audience.

Comment, dans ces conditions, la justice peut-elle être rendue ? Comment la loi peut-elle être respectée, alors qu'elle décrète que les contestations sur les licenciements économiques doivent être tranchées dans un délai de… sept mois ? Comment les salariés peuvent-ils défendre leurs droits, au regard des créances alimentaires au quotidien ou de leur privation d'emploi ? Comment respecter l'article 9-1 de la Convention européenne de sauvegarde des droits de l'homme et des libertés fondamentales qui garantie, en effet, que « toute personne a droit à ce que sa cause soit entendue […] et dans un délai raisonnable » ? Raisonnable, c'est-à-dire quelques mois, pas des années.

Ces questions, l'ensemble des organisations syndicales d'avocats, de magistrats et de salariés, les pose depuis longtemps. En février 2011, elles avaient opté pour les grands moyens en manifestant sur les marches du palais de justice de Paris, avant d'aller, en groupe et derrière leur banderoles, soutenir 71 salariés « victimes de procès prud'homaux aux délais déraisonnables ».

Le 18 janvier 2012, le tribunal de grande instance de Paris, s'appuyant sur la Convention européenne, leur a tous donné raison et a condamné l'État français à verser des dommages et intérêts aux victimes pour un montant cumulé supérieur à 400 000 €. En 2013, cette somme était supérieure à 1,4 million. Dans ses attendus, qui ont fait grand bruit, les magistrats du TGI ont considéré qu'« il relève du devoir de l'État de mettre à la disposition des juridictions les moyens nécessaires à assurer le service de la justice dans des délais raisonnables. Et le délai critiqué résulte manifestement du manque de moyens alloués à la juridiction prud'homale. Le déni de justice invoqué par le demandeur est caractérisé ». L'État n'a pas fait appel de cette décision. Historique pour le droit du travail. Et paradoxale.

Que font les pouvoirs publics pour remédier à ce dysfonctionnement ? Quelles mesures ont-ils adoptées dans l'urgence afin de ne plus être condamnés par leurs propres tribunaux pour déni de justice ? Rien pour l'instant. Ils préfèrent payer ces condamnations pour lenteur injustifiable plutôt que d'allouer ces sommes à l'amélioration de la justice sociale. C'est grave, d'autant qu'en pérennisant cette pauvreté ils jouent de fait le jeu des patrons qui, eux, ne sont jamais pressés. Ils font traîner les conflits, ralentissent la procédure au maximum. C'est leur intérêt qui « contraint les salariés confrontés aux situations de précarité les plus lourdes à transiger bien en deçà de leurs droits pour obtenir un règlement rapide », ainsi que le dénonce le Syndicat des avocats de France. Cette argumentation, le SAF la reprend chaque année pour rappeler que la justice sociale est une priorité. Et qu'il faut la protéger. Comme l'écrit Pierre Joxe, ancien ministre devenu avocat, dans son livre *Soif de justice*, « affaiblir les prud'hommes, c'est affaiblir le droit des faibles ».

Dans les entrailles du travail

Pour se rendre aux prud'hommes de Paris, il faut remonter la rue Louis-Blanc, dans le dixième arrondissement. Louis Jean Joseph Blanc était un homme politique du XIXe siècle, socialiste et républicain, connu pour avoir été le précurseur du droit du travail. Ce clin d'œil à l'histoire pourrait donner du courage à celui qui, bientôt, affrontera son employeur. Mais c'est autre chose de plus prosaïque qui attire le regard : pour atteindre le conseil, il faut d'abord longer un commissariat, puis une agence Pôle Emploi. Face à eux, le bâtiment de la justice du travail aux formes modernes du début des années 1990.

Son hall n'a aucun charme. À gauche, des tables où les avocats et leurs clients peuvent s'installer pour discuter d'un dossier. À droite, cinq petits guichets numérotés, séparés les uns des autres par une cloison, gage de confidentialité. D'un côté une chaise, de l'autre un « agent d'accueil » aux yeux sans expression de ceux qui attendent qu'on vienne leur demander un renseignement.

Éric, celui du comptoir n° 5, est peu expansif. Il ne bouge pas, ne taille aucun crayon, ne semble même pas s'ennuyer. Parfois, il bat furtivement la mesure, puis recroise ses mains qu'il pose bien à plat. Il doit avoir 35 ans et une patience éprouvée depuis des années. De 9 heures du matin à 16 h 30, comme ses collègues, il est là pour recevoir le public. C'est-à-dire un des 20 000 plaignants qui, chaque année, viennent engager une procédure, soit 40 à 60 personnes chaque jour de la semaine. Bien sûr, c'est une moyenne. Le chiffre pourrait être bien supérieur, mais souvent les salariés jettent l'éponge, épuisés par ce qu'ils ont vécu, dégoûtés aussi. Plutôt que d'engager une procédure, ils préfèrent tourner la page, oublier au plus vite et chercher du boulot. D'autres craignent que cette démarche finisse par se savoir et, du coup, leur barre la route à un nouvel emploi.

« Ceux qui viennent sont en général un petit peu perdus, précise Éric, notre entretien dure une dizaine de minutes. On les écoute, on leur explique comment s'informer sur le déroulement de la procédure, on leur fournit le document à remplir. » Intitulé « Demande de saisine, à déposer au greffe du conseil des prud'hommes ou à lui adresser par courrier postal uniquement », le document en question est composé de deux pages recto verso sur lesquelles il faut indiquer son identité et les « chefs de demande », chiffrés en brut. Combien de mois de salaires réclamés, d'indemnités pour rupture de contrat, d'indemnités pour licenciement sans cause réelle et sérieuse. Aux prud'hommes, on peut venir se défendre seul ou se faire aider par quelqu'un de sa famille, un syndicaliste. La présence d'un avocat n'est pas obligatoire.

Il est professionnel, Éric, ne s'épanche guère. Devoir de réserve, peut-être. Entre de longs silences, il explique que « dans beaucoup d'entreprises les choses se passent mal. Des gens sont accusés à tort de vol, d'autres ont été contraints d'avoir des relations forcées avec leur patron ou ont été victimes de harcèlement moral. Un licenciement, ce n'est pas qu'un patron qui se sépare d'un salarié, c'est tout ce qui se passe en amont et en aval, les difficultés financières et psychologiques que cela implique. On se sent démuni par rapport à leur demande. De plus en plus. Et puis pour eux, c'est long. À Paris, les procédures durent des mois, des années ».

Passé le hall, se trouvent les deux ascenseurs, points névralgiques du bâtiment, qui desservent les cinq étages. Chaque niveau a une fonction, et cette fonction est désignée par une couleur. Rouge, bleu, jaune, vert, orange, noir et parme. Au premier étage, le rouge indique la « section de l'encadrement », réservée aux cadres. Au deuxième, le bleu désigne la « section du commerce et des biens commerciaux ». Au troisième, le jaune est affecté à la « section de l'industrie ». Quelles sortes d'affaires a-t-elle à régler puisque les usines ont quitté depuis longtemps la capitale ? Les litiges concernant les métiers qui vendent des produits issus d'une intervention sur la matière. Sont donc considérés comme industriels le bâtiment, la confection, les boulangers, les pâtissiers. Les bouchers en sont exclus, les charcutiers aussi. Qu'importe, les bizarreries de classement ne changent rien au fond des audiences.

Le quatrième étage est le domaine du vert. Logique, il désigne la « section agriculture » qui examine les conflits au Crédit agricole, au PMU et dans les sociétés de champs de courses, là où l'herbe est lucrative. Autant dire que cette section ne siège pas souvent, laissant sa place à celle des « activités diverses » désignée par la couleur orange. Cette section concerne toutes les affaires qu'on ne peut ranger dans aucune des catégories précédentes. Au cinquième étage, le noir est de rigueur pour « l'administration », et au rez-de-chaussée le parme pour les audiences en « référés », celles qui sont jugées dans l'urgence. Ce code couleur est simple, censé aider à se repérer en théorie, mais en réalité personne ne le remarque.

Ce sont plutôt les affichettes que l'on voit, collées un peu partout, qui servent à communiquer avec les usagers. Elles sont techniques, essentielles et parfois ubuesques. Ainsi celles qui sont scotchées sur les portes des audiences, une veille de fête : « En accord avec les chefs de juridiction, eu égard à l'absence d'audience, le bâtiment sera soumis à l'alarme à 18 h 30. Afin de faciliter le travail de vérification des locaux par l'agent affecté au poste central de sécurité, je vous remercie de quitter le conseil au plus tard à 18 heures. » Signé le directeur du greffe. Plus sérieusement, il y a surtout ces photocopies en noir et blanc, format A4, placardées dans le hall avec écrit en gros « 35 euros », soit la somme à débourser pour saisir la justice du travail. À payer dès l'ouverture du dossier. Pas de liquide bien sûr, pas de chèque non plus, mais un timbre fiscal en guise de sésame.

Pendant longtemps, la saisine des prud'hommes était gratuite. Mais sous la présidence de Nicolas Sarkozy, le ministère de la Justice, cherchant à renflouer les caisses d'une justice chroniquement pauvre, avait instauré un droit d'entrée, une sorte de péage. Le 1er octobre 2011, une taxe de 35 € a donc été imposée aux justiciables qui voulaient engager des procédures en matière civile, commerciale, sociale, rurale et prud'homale. Un scandale pour les pauvres qui, pour certains, se sont découragés d'aller réclamer leur dû. À quoi bon poursuivre son employeur pour le contraindre, comme la loi l'oblige, à vous rembourser la moitié de la carte Navigo, s'il faut déjà s'acquitter de 35 €, donc ne rien gagner ?

« Indigne ! » avaient hurlé les avocats des salariés qui savent que, sur les centaines de milliers de personnes qui saisissent cette justice des travailleurs, beaucoup ne récupèrent que de petites sommes. « Ce sont encore les plus démunis qui payent, cet argent ne servira même pas à améliorer les prud'hommes ni l'aide juridique, mais à financer la réforme de la garde à vue », avaient-ils précisé. « Injuste et dissuasif ! » avaient renchéri la CGT, la CFDT, la CGC, l'UNSA et Solidaires, le Syndicat de la magistrature et le Syndicat des avocats de France qui, dans un même élan, avaient lancé une pétition pour exiger le retrait immédiat de ce nouvel impôt. Avec comme argument supplémentaire d'être

« contraire à l'article 6 de la Convention européenne des droits de l'homme et au principe d'égal accès à la justice ». Au bout du compte, ils ont obtenu gain de cause. Devant le Conseil national des barreaux, qui représente 55 000 avocats, Christiane Taubira, encore toute jeune garde des Sceaux du gouvernement de François Hollande, avait déclaré le 5 octobre 2012 : « Quitte à vendre quelques joyaux de la Chancellerie, j'abrogerai cette taxe de 35 €. » Promesse tenue : elle n'existe plus depuis le 1er janvier 2014. Et les affichettes ont disparu.

En poursuivant la visite du bâtiment de la rue Louis-Blanc viennent les quinze salles d'audience. Une au rez-de-chaussée, les autres réparties par étage. Toutes identiques, avec leurs bancs de bois clair, leur niche où trône une Marianne en plâtre. Aucune fenêtre, des murs vides où a été collé un petit panneau rappelant qu'il est interdit de fumer. Chaque matin, chaque après-midi, le rituel est le même. Il faut se rendre à la chambre indiquée sur la convocation puis lire, à côté des portes donnant sur les prétoires, une feuille portant des noms et des numéros, répartis dans les colonnes horizontales et verticales. C'est le programme du jour. Tout le monde doit arriver à la même heure, mais l'ordre de passage est déterminé par des numéros allant de 1 à 20. Plus votre chiffre est petit, plus vous aurez la chance de passer vite.

Sur la première ligne du tableau se trouve le nom du plaignant et celui, éventuellement, de son défenseur, avocat ou délégué syndical. Sur la seconde ligne sont indiqués le nom de l'employeur attaqué et celui de son défenseur, s'il en a un puisque sa présence est facultative. Un numéro de dossier identique qui permettra d'obtenir les résultats du jugement est attribué aux deux parties. Rien d'autre n'est mentionné, ni l'objet du litige ni la gravité des faits. Parfois un avocat peut signaler une affaire, un conseiller peut prévenir de l'intérêt d'une autre. Le taux de remplissage d'une salle ou l'agitation des avocats peut être un indicateur. Le mieux reste de s'asseoir et d'attendre. C'est au petit bonheur la chance. Parfois, la journée égrène des affaires courantes, parfois elle réserve des surprises. Les débats prévus n'ont jamais tous lieu.

Leur renvoi à plusieurs mois, voire à une année, est une pratique habituelle. Surtout de la défense, c'est-à-dire des employeurs, qui ainsi gagne du temps. Une stratégie cynique pour les grosses entreprises qui repoussent au maximum le moment où elles devront payer. Certaines, sachant qu'elles seront condamnées, ont provisionné les sommes qui leur seront réclamées et parient sur le fait que peu de plaignants prendront le risque de les poursuivre. Elles gagnent ainsi en trésorerie et en charges sociales. Ainsi Radio France, si on en croit les motivations des jugements qui lui donnent tort. Mieux vaut multiplier les CDD que signer un CDI.

Concernant les petites entreprises, c'est autre chose. Une condamnation peut être dramatique pour leur équilibre financier. Elles aussi repoussent, renvoient les audiences, misent sur la fatigue du plaignant qui n'aura, éventuellement, gain de cause que trois, quatre ou cinq ans plus tard. Quel sens ce résultat prendra-t-il alors ? D'ici là, tellement de choses peuvent se passer, et dans quelle fragilité financière se trouveront les plaignants ? Ainsi va la juridiction du travail, lente, contrariante parfois, austère toujours.

Dans les prétoires de cette justice, on n'entend ni cri ni plainte. Aucun hurlement ne vient saturer l'air de ces salles obscures. Aucun cœur ne s'y déchire, du moins en apparence. Ici, on serre les dents, on étouffe les sanglots. Personne ne montre sa souffrance. On n'exprime ni le drame d'une faillite ni celui d'un licenciement abusif. Il n'y a ni solennité ni décorum, mais une sorte d'ordinaire pour ces affaires ordinaires. Les conseillers ne portent pas de robe rouge ou noire, mais des habits de ville. Seul un cordon bicolore, rouge et bleu, soutenant une médaille argentée ou dorée, indique leur statut, président ou assesseur. Rares sont les journalistes qui traînent dans les couloirs, rares aussi sont les badauds. Il y a eu du monde pour Johnny Hallyday et Jérôme Kerviel. Personne pour Didier Porte ou Anne Sinclair.

C'est une justice de l'entre-soi, entre juges et plaignants, que la présence des spectateurs indiffère. Les débats sont publics, tout le monde peut donc y assister sans prévenir ou demander une autorisation. Allez-y. Car s'installer dans une salle d'audience et entendre ces récits, c'est comme s'asseoir sur un promontoire et découvrir un point de vue inattendu sur notre société. Ils n'ont rien en commun, mais réunis, ils finissent par dessiner un tableau effrayant. À force de coups de pinceau, ou plutôt de coups de canif qui plongent dans la chair et les tripes, apparaissent alors, à travers cette toile déchirée, les entrailles du travail. Un travail en miettes.

Dans la douceur de la fin d'après-midi

Vers 17 heures, le conseil des prud'hommes de Paris s'assoupit. Le temps s'étire enfin, se permet même de baguenauder dans la douceur retrouvée. Il n'y a plus d'urgence, plus de précipitation, plus d'obligation à respecter le cadre minuté des plaidoiries. Le calme revient dans les salles d'audience qui se vident lentement. La frénésie de la journée laisse place à des souvenirs fugaces et à un peu de compassion.

Quelques heures plus tôt se pressait encore une foule de plaignants au regard inquiet, angoissés par l'instant où ils devront jouer leur vie de salarié. En fin d'après-midi, ils ne sont plus qu'un ou deux, lassés d'attendre que vienne enfin l'examen de leur dossier, comme perdus dans ces pièces qui soudain paraissent immenses. Dans une demi-heure, tout sera terminé. L'ascenseur qui dessert les cinq étages cessera ses va-et-vient incessants, ponctués par une petite sonnerie. Conseillers, avocats, salariés et patrons quitteront ces locaux de verre et d'acier à la structure impersonnelle. Les distributeurs de boissons chaudes et de sandwichs installés au rez-de-chaussée resteront silencieux. Les agents d'accueil descendront les rideaux de fer des guichets.

De ces couloirs déserts suinte pourtant une sensation étrange. Comme si ces hommes et ces femmes venus demander réparation étaient encore présents. Ils ont laissé leurs odeurs dans les salles confinées, leurs empreintes faites de pleurs retenus, de protestations, d'indignations, de soulagements, de déceptions ou de joies. Ils sont comme une cohorte de fantômes qui s'attardent dans les couloirs avant de disparaître. On ferme ! Et à demain.

Histoires de prud'hommes

La cruauté du corner

Longtemps Odette Verdier a été démonstratrice dans un corner. Un corner ? C'est un emplacement dédié à une marque, au sein d'un grand magasin, c'est-à-dire un droit d'occupation du sol extrêmement précaire et soumis à la seule appréciation de l'établissement soucieux de satisfaire – et d'attirer – une clientèle séduite par ce genre d'espace commercial. Depuis 2001, Mme Verdier était donc la responsable, à mi-temps, du corner Lee Cooper, les jeans de la marque éponyme. Une vendeuse en quelque sorte, mais contrainte à un chiffre d'affaires, à l'animation de ces quelques mètres carrés et à la gestion du stock. Tout se passe bien pendant de longues années. Jusqu'à ce que la branche française de la marque américaine, en perte de vitesse, soit placée en liquidation judiciaire. On est en 2010. Un repreneur se fait connaître, sauve Lee Cooper. Sur les 140 salariés, seuls 40 sont réembauchés. Mme Verdier en fait partie. Quelques mois plus tard, en août 2011, elle tombe malade et l'est toujours quand elle reçoit une convocation à un entretien préalable à son licenciement, le 19 décembre 2011. Raisons invoquées : insuffisances professionnelles, manque de performance, non-respect de consignes données par la nouvelle société, net recul de ses ventes. On lui reproche aussi d'« être peu attractive et désordonnée ». Résultat : le 28 décembre 2011, à l'âge de 60 ans, elle doit dégager, et en vitesse. Parce que le BHV, peu satisfait du résultat de Lee Cooper, menace de lui retirer le corner, ce que veut à tout prix éviter la marque de jeans pour qui ce point de vente est stratégique.

L'avocate de Mme Verdier, qui conteste évidemment ce licenciement jugé infondé et abusif, y voit surtout un « motif inavoué et inavouable », celui de dissimuler un licenciement économique. Elle précise, pour justifier la demande de 80 000 € d'indemnités : « Ajoutez à cela qu'il est vexatoire et des plus arbitraires parce qu'on ne peut reprocher à quelqu'un d'être moins performant surtout quand il est malade. » « Pas du tout, a répliqué la défense de Lee Cooper, on s'est basé sur des éléments objectifs. Pendant l'absence de Mme Verdier [les corners ne restent jamais vides], ses remplaçants ont réalisé de bien meilleurs chiffres d'affaires qu'elle qui ne réalisait pas le quart de son chiffre imposé. »

La marque en veut-elle personnellement à Odette Verdier ? « En aucun cas », poursuit la défense de l'employeur, qui se lance dans une curieuse et brouillonne argumentation en dressant la liste des méfaits des anciens dirigeants qui ont conduit Lee Cooper

France à la faillite. « La société détenait des capitaux anglais basés à Chypre, ses responsables la prenaient pour un tiroir-caisse, et ce qui devait arriver arriva : il n'y a plus eu d'argent. En la reprenant, on n'a pas découvert un cadavre dans le placard, mais des placards de cadavres. » Si on suit cette avocate, on comprend, certes difficilement, que ce fut « les coulisses de l'exploit de sauver cette société » et de « garder à tout prix le corner du BHV ». Mme Verdier dans tout cela ? À l'audience, la réponse de l'entreprise est tombée, limpide et cruelle : « Je suis désolée pour elle, mais elle a été sacrifiée sur l'autel de l'intérêt de l'entreprise. Il fallait sauver notre corner, lutter contre sa disparition était devenue une obligation vitale. »

C'est ainsi que l'on comprend que les mètres carrés du BHV valent plus qu'une salariée de 60 ans. Les corners ne sont pas faits pour les vieux.

Elle a gagné. Lee Cooper a été condamné à payer à son ancienne salariée 30 000 € d'indemnités pour licenciement abusif et 700 € au titre de l'article 700, c'est-à-dire à payer les frais de justice engagés.

Nul n'est censé ignorer la loi

Il est énervé, le président de l'audience des prud'hommes. Mince, grand, la soixantaine, blazer bleu marine arborant une rosette à la boutonnière, il dit, l'air sévère : « Écoutez monsieur, on n'est pas là pour faire votre travail. Vous les avez remises vos pièces ? » En face de lui, le patron de la SARL Mosaïco diffusion, une petite société d'informatique qui vendait des billets de spectacles culturels via Internet et qui a dû déposer le bilan, essaie de plaider sa cause. « Non, mais je les ai apportées », répond le jeune homme, jean, baskets, pull en laine, cheveux attachés en arrière en une petite queue-de-cheval. Le président s'agace un peu plus : « Des procédures existent, respectez-les. »

Le gérant est seul, sans avocat. Il se noie dans le dédale des innombrables articles du code du travail. En faillite, il a dû se séparer de son unique salariée, Mme Stéphanie Perrette, embauchée depuis le 4 septembre 2004. Et l'a fait en rédigeant une lettre en dépit du bon sens : absence de motivation justifiant ce licenciement, manque d'éléments chiffrés, ajout d'une clause de non-concurrence sans aucun fondement juridique et considérée comme « nulle, archinulle ». Du coup, la salariée s'est engouffrée dans la brèche et conteste ce licenciement sans cause réelle et sérieuse. Stéphanie Perrette, assistée de son conseil, réclame donc des dizaines de milliers d'euros au gérant. Pour ses salaires non payés, son solde de tout compte rester en carafe, ses indemnités de licenciement passées à l'as, son préjudice subi. Pire encore, elle attaque pour « travail dissimulé » et exige 19 098,54 € de réparation.

Face au retard, voire à l'absence, de versement de ses salaires, connaissant les difficultés financières de son employeur, elle s'est mise à douter de l'état des déclarations sociales de la société. Et elle avait raison : la Caisse nationale de l'assurance vieillesse, qui gère les relevés de carrière servant à calculer la retraite, lui annonce que, entre 2007 et 2011, aucune cotisation n'a été payée. Aucun trimestre de travail n'a été crédité à la salariée qui demande à être rétablie dans ses droits. À ce préjudice, elle en ajoute un second, d'ordre psychologique. « Les gens qui avaient acheté des billets ne les recevaient pas. Comme les bureaux donnaient sur la rue, j'étais assaillie par les clients floués. Je me faisais insulter. J'en suis tombée malade et j'ai dû être arrêtée. La gestion de la société était catastrophique. »

Une évidence que personne ne conteste. Ni l'avocat des petits créanciers (55 000 €) ni celui des AGS, organisme qui prend le relais des sociétés en redressement judiciaire[1], ni le gérant qui se bat sur le mode de l'ironie. « On me dit déloyal, mais j'ai dit la vérité. Mme Perrette était mon bras droit, c'est dire qu'elle a vécu un enfer. Je lui ai confié que j'avais des problèmes de trésorerie, que je ne pouvais pas payer, mais que je m'acquitterais de ma dette. On me dit que je suis nul, mais je ne savais pas que rédiger, en bonne et due forme, une lettre de licenciement était obligatoire et crucial pour l'employée. Cependant, me réclamer presque 20 000 € me paraît exorbitant et disproportionné. »

Le ton aigre et l'allure du patron ne plaisent guère au président dont la rigidité semble grandir de minute en minute. « Vous venez de dire que vous ne saviez pas, mais nul n'est censé ignorer la loi ! Vous le savez, n'est-ce pas ? Oui ? Eh bien, c'est comme ça, ne venez pas vous plaindre. » Et puis, toujours aussi patient, il ajoute : « Je vous signale qu'il est 15 h 30. On a encore trois affaires. » Allez, circulez !

Stéphanie Perrette a gagné. Se substituant à la société en liquidation, les AGS lui verseront : 10 046,63 € pour indemnités de licenciement, 10 000 € de dommages et intérêts pour exécution déloyale du contrat de travail,

1. L'Association pour la gestion du régime de garantie des créances des salariés (AGS) est un organisme patronal fondé sur la solidarité interprofessionnelle des employeurs et financé par leurs cotisations. En cas de règlement judiciaire ou de liquidation des biens, elle garantit le paiement, dans les meilleurs délais, des créances résultant du contrat de travail et des sommes dues aux salariés (salaires, préavis, indemnités de rupture...).

3 940,97 € de rappels de salaires ; 3 055,76 € de congés payés ; 15 000 € d'indemnités pour licenciement sans cause réelle et sérieuse, 1 000 € pour clause de non-concurrence ; 19 098,54 € pour travail dissimulé.

Ces entreprises qui n'existent pas

L'imagination des petits patrons pour ne pas payer les charges sociales est stupéfiante. Et parfois cruelle. Dernière trouvaille devenue une pratique de plus en plus courante : les entreprises qui n'existent pas. Elles en ont la forme, c'est-à-dire une adresse, des locaux, des employés, des clients, un numéro de SIRET délivré par le tribunal de commerce. Sauf que leur immatriculation est bidon. Ainsi, non seulement ces entreprises sont des fantômes, mais leurs salariés aussi. Isabelle Pueblo le sait pour en avoir été la victime.

Le 24 août 2005, cette jeune femme d'aujourd'hui 31 ans est embauchée comme assistante commerciale par la société Thema Domus. Elle est la seule salariée, s'entend bien avec Alain Fischler, son patron, gérant de la boîte qui commercialise des CD, des DVD ou des compilations de musique. Puis en décembre 2008, sa banque la prévient que son découvert est important parce qu'elle a été payée avec un chèque en bois. Le gérant s'en excuse, promet de lui verser son salaire, cette fois, par virement. Une promesse qui ne sera jamais honorée.

Comprenant que Thema Domus connaît de sérieuses difficultés financières, Isabelle Pueblo demande à son patron de la licencier pour qu'elle touche ses indemnités chômage. Il refuse. Du coup, commençant à trouver cela louche, elle contacte la Caisse nationale d'assurance vieillesse qui confirme que, pendant plus de trois ans et demi, elle n'a pas été déclarée. En somme qu'elle n'avait jamais existé. Ni elle ni la société. « Je ne me suis rendu compte de rien. On avait de gros clients, des grandes surfaces comme Carrefour. Tout paraissait normal. La Sécurité sociale m'aurait peut-être alertée, mais je n'ai pas été malade. » Aujourd'hui, Isabelle Pueblo demande à la justice prud'homale de reconnaître l'existence de ces années de travail et de poursuivre le gérant.

Aux dernières nouvelles, Alain Fischler aurait repris des activités, installé au 165 quai de Valmy, à Paris, dixième arrondissement.

Isabelle Pueblo a gagné. Elle recevra 16 400 € pour licenciement abusif, 5 000 € de rappels de salaires, 16 444 € pour travail dissimulé, 1 500 € au titre de l'article 700.

Deux heures à Moscou, et virée !

Pantalon noir, baskets, chemise blanche, cheveux longs, visage émacié, yeux pleins de larmes. Anna Zuckovska, raide devant les juges, s'accroche pour ne pas craquer. Elle a le regard apeuré de ceux qui ne comprennent toujours pas ce qui leur est arrivé.

Le 13 septembre 2010, après un échange d'e-mails avec le groupe RH Partners, Anna obtient une promesse d'embauche ferme. Son salaire : 1 400 € ; son poste : consultante en relations humaines ; son lieu de travail : Moscou. Elle doit commencer le 17 novembre 2010. Elle quitte donc son emploi à la tour Eiffel, abandonne son appartement parisien et boucle ses valises. La société lui a obtenu un visa de travail et lui a payé son billet d'avion. La voilà qui s'envole vers sa nouvelle vie. Arrivée dans la capitale russe, elle déjeune avec un employé de RH Partners Russie, Bruno Maistre. Jusque-là, tout va bien. Sauf qu'au dessert on lui déclare que, finalement, elle ne fait pas vraiment l'affaire : virée avant d'avoir commencé !

Anna Zuckovska se retrouve le bec dans l'eau, sans billet de retour, son employeur de deux heures n'ayant pas jugé nécessaire de le lui acheter. Adieu travail, argent, logement. Adieu rêves et projets. Pendant deux mois, elle cherchera un boulot à Moscou, vivra de ses économies, et finira par revenir en France pour y connaître une très grande précarité, sans solde de tout compte, sans attestation de cet employeur volatil, sans emploi. Elle est donc venue demander réparation du préjudice moral subi, du non-respect de la procédure de licenciement, de la rupture abusive du contrat de travail, et exige le remboursement de ses frais d'avion et de séjour.

La faute à qui ? À personne, bien sûr. Les sociétés assignées ne se sentent pas concernées. « Pas moi », dit le groupe RH Partners, parce que nous sommes une franchise, donc pas responsables. « Pas moi », dit la société parisienne Hommes et Conseils, qui assure n'avoir aucun lien avec la société russe. À les croire, seule cette dernière est responsable, mais qui, pour des raisons territoriales, n'a pas pu être convoquée. Elle est une entité à part, sauf qu'elle a eu des contacts avec les deux entreprises précédentes qui ont reçu Anna Zuckovska. Bref, un méli-mélo de liens officieux, officiels, informels et amicaux à ne plus rien comprendre.

Soudain, un juge demande à Mlle Zuckovska : « Mais enfin, qu'est-ce qui s'est passé au cours de ce déjeuner ? » Un blanc. Son avocate répondra à sa place. « C'est un peu personnel. En fait, l'homme avec qui ma cliente déjeunait lui a expliqué qu'elle allait dormir chez lui et qu'il fallait qu'elle soit très gentille…

très, très gentille. » Elle n'a pas voulu l'être. C'est ce qui s'appelle, dans un certain monde du travail, « ne plus faire l'affaire ».

Anna Zuckovska a été déboutée et condamnée aux dépens, c'est-à-dire à payer les frais de justice engagés par son adversaire.

Plainte pour harcèlement dans un groupe pharmaceutique

« Je vous demande une condamnation exemplaire. Dans ce groupe, les salariés n'ont le droit ni de se plaindre ni de contester. Ils n'ont droit que de se taire, d'avoir peur et, pour certains, d'être détruits. Ce n'est pas acceptable. Pour que ce genre de management ne se reproduise plus, il faut que le conseil des prud'hommes donne tort à la société, et ce de façon dissuasive. » L'avocate de Mme Huet termine sa plaidoirie la gorge serrée. Il est rare que l'émotion remplisse ainsi le prétoire de la section encadrement de la justice du travail. Généralement, les affaires se suivent, souvent semblables, évoquant à longueur d'après-midi des demandes de requalification, des licenciements abusifs ou sans cause réelle et sérieuse, des heures supplémentaires ou des indemnités non payées.

Cette affaire-là, qui mêle le droit, bien sûr, mais aussi la morale et la souffrance, est différente. Une souffrance psychologique et physique qui empêche la plaignante, une femme de 52 ans, d'être présente à l'audience. « Elle est encore trop fragile, venir était au-dessus de ses forces », explique son avocate qui plaidera seule à la barre, espérant emporter l'adhésion des quatre juges du travail qui l'écoutent avec attention.

Le 2 avril 1991, Mme Huet, médecin spécialisée en pédiatrie, est engagée dans un laboratoire pharmaceutique. Pendant des années, elle travaille dans le département de pharmacovigilance, où elle est en charge de vérifier les effets d'antibiotiques et de corticoïdes, d'évaluer les risques de ces médicaments, d'effectuer des analyses, des contrôles sur les risques potentiels, de rédiger des rapports de synthèse. Tout va bien jusqu'à l'arrivée, fin 2007, d'une nouvelle responsable de service. Alors que les effectifs du laboratoire sont volontairement réduits, sa charge de travail augmente, le temps imparti à sa mission est de plus en plus court, ses évaluations sont moins bonnes. En d'autres termes, plus de cadence, plus de rentabilité et aucune prise en compte de son handicap, une tumeur du nerf auditif.

Mme Huet ne résiste pas aux pressions de son chef. Brimades, dévaluation de son travail, exigences grandissantes, pénalisation financière. Se sentant prise dans un étau, elle craque. Un premier arrêt maladie, puis un second. Son état physique s'aggrave, elle souffre d'infections, de pneumopathie, doit rester au lit deux mois. Au point que, le 16 septembre 2009, le diagnostic de burn-out est établi et considéré comme une maladie du travail. Les organismes de contrôle de santé ad hoc, médecin du travail et médecin de l'assurance maladie, la déclarent, le 3 juin 2011, inapte à tout poste dans l'entreprise avec une incapacité estimée à 40 %. Que fait le groupe ? « Rien », à entendre l'avocate de la plaignante. « À l'expiration des arrêts maladie en juillet 2011, la société reprend le versement de son salaire (5 384 € brut plus les primes pour 32 heures hebdomadaires), comme si tout était normal, mais sans l'appeler, sans dialoguer, sans lui proposer un reclassement sérieux et adapté. Elle est restée un an sans qu'on réponde à ses e-mails. Une situation impossible pour la pousser à la démission », continue l'avocate de Mme Huet.

Son médecin traitant lui préconisera de quitter l'entreprise d'urgence. D'autant qu'elle ne semble pas être la seule à ne plus supporter le management du laboratoire. Le comité d'hygiène, de sécurité et des conditions de travail (CHSCT) de l'entreprise évoque, dans un rapport de février 2010, un climat de peur, de souffrance au travail. Une note de la DRH indique même que certains managers semblent agir en toute impunité sous couvert de la situation de l'emploi actuelle.

C'est lourd, si lourd, qu'elle demande à quitter le laboratoire après vingt et un ans, non pas comme démissionnaire, mais au tort de son employeur pour harcèlement moral. En droit, cela s'appelle une résiliation judiciaire au tort de l'entreprise. Elle demande ce qui va avec : indemnités de licenciement, rappels de congés payés et préavis, application de l'accord d'entreprise. Combien demande-t-elle ? Beaucoup, près de

500 000 €, plus que les sommes généralement réclamées aux prud'hommes.

« Je sais que je vous demande des montants conséquents, mais ils sont proportionnels aux préjudices physiques, psychiques et moraux subis par Mme Huet. Ils sont également dissuasifs pour que, dans l'entreprise, il n'y ait plus deux poids deux mesures, ceux qui souffrent et doivent se taire, ceux qui ont tous les droits et gagnent beaucoup. Ils sont également proportionnels aux bénéfices de l'entreprise et au salaire indécent de son président, qui dépasse les 6 millions d'euros annuels. »

« Scandaleux, insultant », a rétorqué aussitôt l'avocate de la défense. « Sous prétexte que le président gagne bien sa vie, il faut que Mme Huet obtienne des indemnités conséquentes. Quel est ce petit esprit de vengeance qui l'anime ? » Et d'un revers de manche ironique, elle se moque de la plainte de la salariée, « un catalogue de poncifs, dévaluation, mépris, une supérieure très méchante. Mais pas du tout. La méchante avait un ton très cordial. C'est la salariée qui a fait preuve d'agressivité à l'égard de sa supérieure, il n'y a pas eu de brimades, aucun indice de harcèlement moral ». En somme, tout n'est que fantasmes de la part d'une cadre qui devrait s'estimer heureuse d'avoir été payée à rien faire. « Que voulez-vous, dans cette affaire, on est pieds et poings liés. Si on lui dit quelque chose, c'est du harcèlement, si on continue à la payer en essayant de lui trouver un autre poste dans l'entreprise, c'est insultant. Nous, on perd sur les deux tableaux. ».

Le conflit a été renvoyé devant le juge départiteur. Avant qu'il soit examiné une nouvelle fois, les deux parties ont pu négocier par avocats interposés. Le 17 avril 2014, elles ont signé un protocole d'accord confidentiel. Du coup, la plaignante s'est désistée.

Les comptes de la nounou

À ces deux-là, on donnerait le bon Dieu sans confession. Jeunes, élégants, faisant preuve de discrétion, bien dans leur peau et, semble-t-il, prêts à dissiper tout malentendu. Sophie et François Lebon sont poursuivis pour ne pas avoir payé les heures supplémentaires de l'ex-nounou de leur fils. Ils contestent et aimeraient qu'on les entende.

Les gardes d'enfants, c'est décidément une vraie galère. Déjà, il faut réussir à trouver une place en crèche dont les listes d'attente sont interminables et souvent vaines. À défaut, il faut s'empresser de trouver une nourrice professionnelle qui réponde à trois critères : qu'on lui fasse assez confiance pour lui laisser son bébé, qu'elle travaille à des horaires permettant de concilier vie professionnelle et vie familiale, et qu'elle n'habite pas loin de chez soi pour réduire le temps des transports au minimum. Ces difficultés surmontées, il faut ensuite embaucher cette perle rare, la déclarer et lui établir des feuilles de paie en bonne et due forme, comme n'importe quel patron.

Le problème, c'est que les Lebon, comme presque tous les parents dans leur cas, ne sont ni experts-comptables ni spécialistes du droit du travail. Du coup, ils ont fait comme ils ont pu. C'est-à-dire du mieux, à leurs yeux, mais du pire, à ceux de Myriam Ghoulassi qui leur réclame le paiement de 5 025,53 € d'heures supplémentaires et le remboursement de son indemnité de transports (50 % de sa carte Navigo). Elle demande également qu'ils soient condamnés à lui verser une indemnité de 9 714 € pour travail dissimulé et pour non-respect des textes conventionnels, notamment l'obligation de passer une visite médicale avant embauche.

S'il ne savait pas pour le médecin et le transport, François Lebon avait bien fait les choses en consignant toutes les heures de garde dans un tableau Excel qu'il a apporté pour preuve de sa bonne foi. Depuis le 13 novembre 2006 jusqu'en août 2011, date à laquelle leur fils a été inscrit à l'école maternelle, tout y est. Certes, dans son décompte, il devait 2 000 € à la nounou qui, par ailleurs, gardait les deux enfants d'une autre famille. Il le conteste tellement peu qu'il a payé cette somme à l'audience, en rédigeant un chèque à son ancienne employée assise sur le banc des plaignants. Mais pour le reste, Sophie et François Lebon sont formels. Non seulement ils ne lui doivent pas 5 025,53 € d'heures supplémentaires, mais ils n'ont jamais eu la moindre volonté de ne pas rémunérer celle qui, pendant cinq ans, s'est occupée de leur enfant.

« Ces heures réclamées ont bien été travaillées et ont bien été payées », a plaidé leur avocat. « S'ils ont fait des erreurs sur le bulletin de paie, ce n'est absolument pas intentionnel. Avant qu'ils mettent fin au CDI de la nounou, puisqu'ils n'avaient plus besoin de ses services, les époux Lebon et Mme Ghoulassi entretenaient de bons rapports. »

« Mais enfin, que s'est-il passé entre vous pour qu'on en soit là ? » interroge le président de l'audience. Puis en regardant les avocats des deux parties, il ajoute en disant tout haut ce que tout le monde pense tout bas : « C'est le type même d'affaire qui n'aurait jamais dû arriver jusqu'à nous. Elle aurait dû être réglée en conciliation[1]. N'y a-t-il pas moyen de vous arranger ? Il n'est pas trop tard pour trouver une solution. Allez, essayez. » Ils s'en sont remis à la décision du conseil.

La nounou a perdu au bénéfice des époux Lebon.

---

1. Audience à huis clos et obligatoire, où les deux parties peuvent trouver un terrain d'entente. Si elles y arrivent, l'affaire est close. Sinon, elle est renvoyée devant un bureau de jugement.

Licenciement par anticipation

Quatre personnages en quête d'ascenseur : deux avocats et leurs clientes. En attendant l'arrivée de l'appareil tout neuf, ils ne disent pas un mot, se regardent à peine, font comme s'ils ne se connaissaient pas. En fait, le groupe vient de quitter l'audience de la chambre de l'encadrement où, en termes courtois mais fermes, les deux femmes se sont opposées. La première, Sarah Merlet, reprochait à son ancienne patronne, la responsable de la société Atomes Associés, de l'avoir licenciée abusivement. La seconde répondait qu'elle n'avait pas pu faire autrement. L'histoire est courte.

En 2007, Sarah Merlet est embauchée comme architecte d'intérieur par une agence spécialisée dans la conception d'hôtels. Le groupe Accor, leur plus gros client, a lancé un programme de rénovation de leurs chambres. Formidable pour cette jeune structure née en 2005 et qui n'a pas beaucoup de contrats.

Sauf que, début janvier 2011, sa responsable commence à s'inquiéter : le groupe hôtelier ne donne plus de nouvelles de leur projet commun. Le 14 mars, Accor finit par envoyer une lettre de deux pages détaillant avec force arguments pourquoi il ne donnera pas suite à leur collaboration, la crise l'ayant obligé à réduire ses prétentions, à élaborer un nouveau cahier des charges et à choisir quatre autres agences d'architecture. Exit Atomes Associés. Et par voie de conséquence, exit Sarah Merlet de la société dont elle était la seule salariée. Elle est licenciée en mai 2011.

Alors, où est l'objet du litige ? Plus de clients, plus de rentrées d'argent. Imparable. Sauf que, selon le code du travail, les entreprises sont tenues de mettre en œuvre tous les moyens pour trouver d'autres clients et poursuivre leur activité. Ce qu'elle n'a manifestement pas fait. « Aucun élément à ce sujet n'existe dans le dossier. Quand on a licencié ma cliente, il n'y avait pas encore de difficultés économiques. On ne se sépare pas de quelqu'un au nom du risque futur », a plaidé l'avocat de Sarah Merlet.

Sarah Merlet a obtenu 15 000 € de dommages et intérêts.

Le prix de l'amitié

Employé modèle et ami exemplaire. En plus de ces deux qualités, M. Chopard est jeune, beau, élancé dans son costume gris, discret. Il a tout pour plaire ce jeune homme à l'air inquiet et à la voix basse. Sauf qu'il a été viré. Pour perte de confiance et mensonge. Allianz, son employeur qui l'avait embauché en CDI, le 3 décembre 2008, ne lui a laissé aucune chance. Jusqu'alors, les responsables de la compagnie d'assurances n'avaient jamais eu à se plaindre de cet employé qui donnait toute satisfaction, selon la formule consacrée, mieux encore, au titre de la qualité de son travail, il avait reçu une prime de 1 000 €. Puis la confiance a violemment volé en éclats. Et le jeune contrôleur de gestion, affecté au service chargé de vérifier les notes de frais des salariés de l'entreprise, a dû plier bagage le 13 octobre 2011.

Quel crime avait-il commis pour qu'Allianz lui signifie son congé et le relègue aux confins du monde salarial ? M. Chopard a aidé un ami à la recherche d'un logement, voilà sa faute. Pour que cet ami puisse répondre aux exigences des agences immobilières, il lui a fourni ses propres feuilles de paie et son attestation de travail pour se porter caution. Mais l'amitié joue parfois de mauvais tours. Sans le lui dire, l'ami en question a falsifié ses bulletins de paie, a changé son nom et a envoyé le tout à une agence, laquelle a téléphoné à Allianz pour s'assurer que le candidat à la location était bien un de leurs salariés. Et c'est ainsi que, tout ayant été découvert, M. Chopard a été contraint de s'expliquer.

« Certes, je n'aurais pas dû faire confiance à mon ami, lui donner ces éléments qu'il a trafiqués sans m'en informer. Mais je ne veux pas payer pour des faits que je n'ai pas commis. La sanction est trop forte, totalement disproportionnée », a expliqué en substance le salarié devant la section du commerce. En somme, cela ne mérite pas d'être licencié. Mais son avocat voit planer autre chose dans la sévérité de la sanction : la suspicion de détournement d'un plan de sauvegarde de l'emploi envisagé par Allianz en proie à des difficultés financières et donc prête à diminuer la masse salariale.

Cette affaire de caution qui a mal tourné ne serait donc qu'un prétexte selon l'avocat de M. Chopard, qui demande à être réintégré dans l'entreprise. Et redevenir le salarié modèle aux appréciations très élogieuses qu'il n'a cessé d'être. Ou, à défaut, recevoir des indemnités pour licenciement sans cause réelle et sérieuse. L'avocat d'Allianz n'a rien répondu à ces demandes. Comme si, devant la mollesse de la défense, la compagnie d'assurances s'en moquait. Elle n'avait pas l'air bien fâchée. Il était bien ennuyé, le jeune homme. Une erreur de jeunesse, une erreur d'amitié. Et il jura qu'on ne l'y reprendrait plus parce que l'amitié n'est pas forcément « le doux repos de l'âme ».

M. Chopard a gagné. Allianz a été condamné à lui verser 16 326 € pour licenciement sans cause réelle et sérieuse.

4,51 € brut par heure !

Chambre du commerce, audience de conciliation entre le plaignant et son employeur. Cette première étape avant que les dossiers soient jugés est obligatoire et se tient à huis clos. En sortant de la petite salle, Marianne Fanona et Yah Moumdia sont très en colère. Elles n'ont aucune intention de négocier quoi que ce soit avec leur ancien employeur. Elles veulent le dénoncer, crier très fort, le plus fort possible, qu'il les exploite, qu'il les prend pour des esclaves. « Je lui ai dit qu'il nous considérait comme telles. Il m'a répondu que oui », explique Yah Moumdia, malienne, 30 ans et une volonté de fer. Elle entend bien que justice lui soit rendue, à elle et aux 47 autres femmes de ménage employées par une entreprise de nettoyage, société qui appartient aussi au patron de l'hôtel dans lequel elle fait les chambres. Les griefs sont nombreux : pas de jours de repos ou presque, des jours fériés payés au même prix que les autres, et surtout des feuilles de paie invraisemblables où le vertigineux salaire horaire s'élève à 4,51 € brut… Pour avoir protesté contre ces conditions de travail, Marianne Fanona et Yah Moumdia ont été licenciées sur-le-champ.

Dans sa veste en cuir, les épaules carrées, le patron mis en cause s'explique en se dirigeant vers l'ascenseur. Avant de quitter le conseil, il prend cinq minutes pour dire : « Certes, il y a eu une erreur de taux horaire sur le salaire d'une personne, mais cela a été rectifié. Elles sont payées comme tout le monde, soit 9,22 € brut. » Il pense qu'entre elles et lui il y a certaines incompréhensions et que pour le reste tout va bien. Le patron, qui est venu se défendre seul, n'évoquera pas les autres reproches qui lui sont faits : des CDD non conformes, des régularisations salariales effectuées partiellement et des embauches de sans-papiers uniquement. Serait-ce parce que, étant les plus fragiles des plus fragiles salariés, ils acceptent tout et n'importe quoi de peur d'être expulsés ?

Le scénario s'est déroulé autrement et les deux courageuses ont décidé de dire tout haut ce qu'on leur faisait subir tout bas. Et ce avec l'appui de la Confédération nationale du travail. « Dans ce dossier, ce n'est que carambouille et compagnie, assure Étienne Deschamps. Aux pratiques de recrutements illicites s'ajoutent les pires conditions de travail des salariés sans papiers. Ce patron est un patron pourri. » La CNT n'attendra pas l'audience sur le fond, fixée au 14 juin 2012. Elle réfléchit non seulement à traîner ce chef d'entreprise devant les tribunaux, mais à lui rendre visite à son hôtel.

L'employeur et les femmes de ménage ont finalement réussi à s'entendre. Elles n'ont donc pas entamé de procédure.

« Agent de service premier niveau »

Mme Bintou Lakeba Adebusola a le grade d'« agent de service premier niveau ». Elle est femme de ménage. Le métalangage d'aujourd'hui, friand d'euphémismes de convenance, les désigne sous le vocable de « techniciens de surface ». Un mot sans aspérité qui contient bien mal la violence qu'il essaie de dissimuler, celle de la disparition symbolique de ces ouvrières. Rarement elles se montrent, rarement elles revendiquent. Parfois, elles osent franchir le pas et montrer leur visage pour saisir les prud'hommes contre leur patron. Mme Bintou Lakeba Adebusola est l'une d'entre elles, et réclame 1 500 € de dommages et intérêts pour licenciement abusif à son ex-employeur, lequel n'a pas vraiment fait l'effort de se défendre. Il y avait quelque chose d'immensément triste à assister à cette audience qui semblait être de si peu d'importance. Mais pour cette femme, il y allait de sa vie de travailleuse, de sa dignité. Alors elle a mis son chapeau bleu et est venue s'asseoir sur un des bancs du prétoire. Elle a calé son dos, posé son sac sur les genoux. La tête bien droite, elle a regardé sans ciller les représentants de la justice du travail. Et elle a attendu, attentive et impassible, que d'autres racontent son histoire.

Mme Bintou Lakeba Adebusola faisait le ménage dans des crèches d'Asnières trois heures le soir pour que les tout-petits rampent sur des sols propres. Elle travaillait de 18 heures à 21 heures, du lundi au vendredi, soit 65 heures par mois pour un salaire de 599,30 € brut. Employée en CDI et à temps partiel par Inter Net, elle ne posait aucun problème, du moins le pensait-elle, car aucun reproche ne lui était fait. À la fin de l'été, elle a décidé de prendre des vacances dans son pays d'origine. Elle a indiqué ses jours de congés, puis est partie du 18 août au 9 septembre 2011. C'est à son retour que tout s'est gâté. Son employeur a refusé de la payer. Il lui a imputé une journée d'absence et pour le reste l'a mise d'office en congés sans solde. Pourquoi ? Parce qu'elle aurait dû respecter la lettre que son patron lui avait envoyée pour l'informer de la fermeture saisonnière des crèches d'Asnières, en été, du 22 juillet au 22 août et l'hiver du 23 décembre au 3 janvier 2011. La missive ajoutait dans un style administratif : « Vous comprendrez que la mise en propreté des locaux n'est donc pas nécessaire. »

Que fallait-il que comprenne Mme Adebusola qui ne parle pas bien le français ? « On ne lui a pas signifié dans cette lettre qu'elle devait adapter ses vacances à celles des crèches. On ne lui a pas non plus donné de dates précises. Elle en aurait tenu compte si l'information avait été suivie d'une injonction à se caler sur ce planning, a plaidé son défenseur. De plus, à aucun moment, on ne lui a refusé ses congés. La société savait parfaitement qu'elle partait à cette période. Pour sa défense, Inter Net a invoqué la mauvaise foi de son employée, affirmant que Mme Adebusola a quitté l'entreprise de nettoyage de son plein gré et qu'elle « a pris acte de la rupture du contrat de travail ». En somme, qu'elle a signé sa démission. Manifestement, Mme Adebusola ne s'en souvient pas. Si elle l'a fait, elle n'en a pas eu conscience. Qu'est-ce qu'elle en connaît, elle, des arcanes juridiques ? Qu'est-ce qu'il fallait qu'elle signe ou ne signe pas, la femme de ménage ? Pour elle, les choses sont simples : elle a été congédiée. Et demande réparation, soit 239,72 € d'indemnités de licenciement, 1 100 € de préavis et 119,86 € de congés payés. À peine 1 500 €. Pas grand-chose pour l'entreprise, une fortune pour elle.

À la fin de l'audience, Mme Adebusola s'est levée puis s'en est allée comme elle était venue. Silencieuse, son chapeau bleu sur la tête et sa dignité sous le bras. Elle a marché dans le couloir jusqu'à l'ascenseur et a disparu. Elle est repartie dans sa vie, chercher d'autres ménages, quelques heures éparpillées dans la journée. Peut-être avait-elle cru, elle une simple technicienne de surface, pouvoir obtenir réparation ? Peut-être a-t-elle rêvé un instant ? 1 500 € ! On peut en faire des choses quand on gagne si peu.

Mme Bintou Lakeba Adebusola a été déboutée de toutes ses demandes.

Wong Ka Wah et l'atelier clandestin

M. Wong Ka Wah n'est pas venu. Il n'a pas jugé nécessaire de se déplacer pour défendre les intérêts de la société Grenadine. Parti, envolé, le gérant de cette entreprise de confection. Et pour cause : c'était un atelier clandestin. Le 19 mars 2012, la police y a fait une descente surprise et a trouvé ce qu'elle cherchait : des travailleurs sans papiers. 17 exactement. Toutes des femmes. La brigade les a interpellées et a saisi les machines à coudre. Cela aurait dû s'arrêter là.

Sauf que, sur les 19 employées présentes pendant le contrôle de police, 2 d'entre elles étaient en situation régulière. Si leur machine n'avait pas été confisquée, elles auraient très bien pu continuer à travailler. Mais elles sont restées plantées là, pendant des semaines, à attendre que leur patron leur fournisse de nouvelles commandes. En vain. Il ne leur a donné ni travail ni salaire. Elles ont attendu un mois. Le 19 avril, l'une d'elles, Mme Larissa Bordier, a envoyé une lettre à son employeur lui demandant des comptes. « Je vous prie de bien vouloir expliquer les causes de l'empêchement de travail, écrivait-elle. Je vous demande de me payer mon salaire et de me délivrer un bulletin de paie. Je reste à votre disposition pour reprendre mon poste de travail. »

Le courrier est resté sans réponse et cette femme aussi menue que déterminée a saisi les prud'hommes pour qu'ils constatent la cessation du travail. Mme Larissa Bordier déclare que cette dernière est abusive et imputable à l'employeur, et réclame à son ex-patron de payer une indemnité de rupture de six mois, les rappels de salaires de mars, avril et mai, pour une somme totale de 4 185,20 €, plus les congés payés. Une demande en bonne et due forme.

« M. Wong Ka Wah, il a des sous pour payer ? » demande le président de la section commerce, chambre 8. « C'est une autre affaire », répond le défenseur de Larissa Bordier, un délégué syndical ouvrier. « C'est bien de condamner les gens à payer, mais si cela ne sert à rien… », poursuit le président.

Silence médusé du délégué syndical. C'est alors qu'une petite voix s'élève. Celle de la plaignante qui, dans un français au fort accent, tient à signaler au conseil : « Mais il a déjà monté une autre société. Je sais où il travaille. »

Le président a poussé un soupir de lassitude en ajoutant : « Bon, décision le 6 juin. »

Mme Larissa Bordier a gagné. Soit : 4 195,20 € pour salaires de mars à mai 2012, 1 398,40 € d'indemnités pour préavis, 1 398,40 € pour non-respect de la procédure de licenciement, 4 200 € pour rupture abusive, 2 210,13 € d'indemnités de congés payés, 308,87 € pour droit individuel à la formation, 700 € pour l'article 700.

Ça chauffe pour les VRP

Même âge, même corpulence, même veste ou parka trois-quarts, même chaussures confortables, même cheveux courts et bruns : ceux-là sont des types solides aux larges épaules, capables de faire face à n'importe quel déboire. Le style d'hommes qu'on imagine venir vous secourir alors que vous êtes immobilisé sur le bas-côté d'une route, une roue crevée et qu'il pleut à verse. Alors, que font-ils tous les trois sur le banc des plaignants de la section encadrement ? Ils viennent pour une histoire de licenciement abusif derrière lequel se cache une perfide vengeance.

Christian Mousselon, Jean Lemeur et Jean-Michel Merlin étaient attachés commerciaux de la société Applimo, spécialisée dans la vente de radiateurs et de convecteurs à des grossistes ou à des installateurs. Ces VRP en chauffage électrique qui sillonnent l'Île-de-France, chacun dans un secteur prédéfini, sont bons vendeurs, performants et réalisent un chiffre d'affaires annuel de plusieurs centaines de milliers d'euros chacun. La routine. Sauf qu'un jour, fin 2009, le directeur régional d'Applimo est licencié et porte plainte aux prud'hommes en mars 2010. Ses trois anciens représentants signent des attestations en faveur de leur supérieur hiérarchique, relatant les circonstances dans lesquelles il a été brutalement remercié par la direction.

Quelques mois plus tard, fin juin, les trois auteurs de ces lettres sont convoqués à un entretien préalable à leur licenciement, qui deviendra effectif en juillet 2010. Et chacun de faire le rapprochement : dehors le chef, dehors ceux qui l'ont soutenu. C'est en tout cas la thèse que défendent ces trois hommes assis sagement. Parce que franchement, à leurs yeux, ils n'avaient rien à se reprocher. « On est allé leur chercher des poux dans la tête, explique leur avocat et on a monté de toutes pièces un dossier à charge en trouvant n'importe quoi comme prétexte. »

La liste des reproches supposés est longue : baisse du chiffre d'affaires, absence d'autorisation de la hiérarchie pour effectuer des ristournes de 5 %, usage frauduleux de notes de frais, manque de prospection de nouveaux clients. « Applimo a des marges à respecter, elle a besoin de nouveaux marchés », dira l'avocat de la société de chauffage qui poursuivra son argumentation. Se contenter des clients déjà existants ne suffit pas, il faut partir à la recherche d'une nouvelle clientèle. Or, ils n'en ont pas apporté. Pire, ils ont fait ce qu'ils ont voulu et ils ont même rempli leur frigidaire en maquillant leurs prétendus repas – un forfait quotidien de 15 € payé par la société – pour « faire leurs courses familiales. Deux melons et une bouteille d'eau, c'est un repas ça ? » Et pour convaincre les juges prud'homaux, le défenseur d'Applimo raconte une fumeuse histoire de tickets de caisse mentionnant des heures fantaisistes. « On peut faire ses courses à 9 heures et déjeuner quelques heures plus tard », répond l'avocat des trois plaignants, conscient de l'absurdité du dialogue.

« Pfft », semblent dire ceux-ci avec des mines déconfites. Ils sont écœurés par les arguments de leur adversaire, mais aussi agacés par leur défenseur qui multiplie les bourdes, oublie des pièces, des dates, écorche leur patronyme et lasse tout le monde. Une juge, à bout, se prendra même la tête entre les mains pour ne pas exploser. La fin des débats sera accueillie avec soulagement : trois heures et demie pour l'examen d'une seule affaire, alors que la moyenne est de trente minutes. C'était présumer des forces de chacun.

Les trois représentants ont gagné. La société a été condamnée à leur verser des indemnités pour licenciement sans cause réelle et sérieuse (23 000 €, 19 999 € et 22 200 € pour Christian Mousselon, Jean Lemeur et Jean-Michel Merlin), des mois de salaires et les congés payés afférents (2 963,47 €, 3 017,88 €, 2 825,17 €), le remboursement de notes de frais et 1 000 € chacun au titre de l'article 700. Les juges réunis en formation de départage ont également condamné la société Applimo aux dépens, à l'exécution provisoire du jugement.

« Le coup du sombrero »

De la fonction de standardiste à celle d'assistante de production, il n'y a qu'un pas, qu'a franchi la société Kino, une boîte de production audiovisuelle. Beaucoup de très petites entreprises, qui jonglent avec un microbudget, jouent sur la compétence de chacun et pratiquent ce mélange de fonctions. C'est même une pratique assez répandue dans le secteur de la création qui emploie nombre d'intermittents, de réalisateurs, de monteurs et de graphistes. En soi, ce n'est pas un problème. Ce qui l'est, c'est de ne pas payer les gens pour ce qu'ils font réellement. Claudia Melitaru en a souffert et, se sentant lésée financièrement, a demandé réparation.

La jeune femme, embauchée le 11 juillet 2005 en CDI comme secrétaire-standardiste, demande la reconnaissance de son travail d'assistante de production, et la rémunération qui l'accompagne – 3 159 € brut au lieu de 1 650 €. Par voie de conséquence, elle réclame

100 763 €, soit le rappel de salaires à partir du 1er juillet 2006, date à laquelle ses fonctions furent élargies. Seule secrétaire de la SARL Kino, Claudia Melitaru a en effet répondu au téléphone pendant un an avant de collaborer activement avec les équipes de production. Elle transmettait des éléments de tournage aux clients, effectuait des formalités pour les intermittents, embauches, contrats de travail. Et personne n'en faisait mystère puisque son nom a même été inscrit au générique d'une production de Kino diffusée par TF1.

« C'était pour lui faire plaisir », a répondu l'avocat de la société audiovisuelle qui conteste cette version des faits. À l'en croire, Mlle Melitaru a quitté l'entreprise d'elle-même. Il ne parle ni de son arrêt maladie provoqué par des relations de plus en plus tendues, ni des heures supplémentaires non payées. Pour lui, la démarche de Claudia Melitaru est de pure opportunité. « Ce dossier fait la confusion entre les prud'hommes et le casino. Elle réclame 90 mois de salaires, soit le quart des pertes de mon client, alors que, le jour même de son départ, elle avait retrouvé du travail à France Télévisions. C'est déloyal et cousu de fil blanc. Bien joué : zéro risque, j'ai du boulot et en plus je vais prendre des sous. J'appelle cela le coup du sombrero ! »

L'avocat de la jeune femme a fait remarquer, sans se démonter, que sa cliente n'avait obtenu qu'un CDD de quatre mois. « Croyez-vous que, dans le secteur extrêmement fragile de la production audiovisuelle, on troque un CDI contre un emploi précaire de quelques semaines ? » De sombrero, certainement pas, à peine un petit panama.

Claudia Melitaru a été déboutée de l'ensemble de ses demandes.

Pas vue, pas payée !

Dans la salle d'audience des activités diverses, Kalaya Kamiokong semble si légère, enveloppée d'une discrétion vaporeuse. Elle ne se cache pas, mais elle a choisi pour s'asseoir le coin le plus sombre du prétoire. Menue, baignée de clair-obscur, elle ne fait aucun bruit, bouge à peine, bien calée sur le banc inconfortable. Elle ne ressemble pas aux autres plaignants qui feuillettent fébrilement leur dossier, attendent avec inquiétude leur avocat lorsqu'il tarde à venir. Elle est comme une ombre fragile qui s'avère extrêmement forte et déterminée lorsqu'elle réclame son dû. Elle est dans son droit et entend bien le faire appliquer.

Retour au printemps 2010. L'Association franco-asiatique pour l'enfance a l'intention d'ouvrir une crèche. Elle est reçue par les responsables qui, en avril, lui promettent qu'elle sera embauchée comme aide auxiliaire, à condition bien sûr que le projet voie le jour. Elle les croit. Un peu plus tard, en décembre 2011, la structure ayant ouvert ses portes, Kalaya Kamiokong y travaille soixante-dix heures et perçoit son salaire. Puis plus rien. Les semaines passent et, en mars, elle est rappelée, travaille quinze jours, du 14 au 26. Et à nouveau plus rien. Mais rien du tout. Même pas un début de salaire, même pas une reconnaissance de son activité. Comme si l'aide auxiliaire n'avait jamais existé. Rayée du personnel, des listings, des comptes.

Que s'est-il passé ? La crèche franco-asiatique assure, par la voix de son avocat, qu'elle n'est jamais venue travailler et que, en conséquence, il n'y avait aucune raison de la payer. Logique. Le problème, c'est que la structure avait adressé un contrat de travail en CDI – que l'aide auxiliaire dit n'avoir jamais reçu –, que dans ce contrat elle était en droit de ne pas embaucher Mme Kamiokong à l'issue de sa période d'essai d'un mois, période d'essai qu'elle n'aurait pas effectuée…

« Essayons de comprendre », lance alors le président de l'audience en posant une série de questions. À l'avocat de la crèche d'abord. « Elle a un contrat en CDI ? » « C'est bien cela. On le lui a envoyé, elle ne l'a jamais retourné signé », confirme l'avocat, qui ne précisera pas la date de cet envoi. « Puis, vous lui avez envoyé une lettre disant qu'à l'issue de sa période d'essai elle ne faisait pas l'affaire ? » « Exact. » « Alors si elle a fait un essai, elle était bien dans les locaux ? » « Non, personne ne l'a vue. » À la plaignante, ensuite : « Vous dites avoir travaillé. Vous le confirmez ? » D'une voix assurée et avec un fort accent, Kalaya Kamiokong, qui depuis s'est inscrite dans une boîte d'intérim, répond : « Oui, à partir du 14 mars. Quinze jours. » « Vous pouvez le prouver ? » « J'ai travaillé. » « Bon, si on comprend bien, essaiera de résumer le président de la chambre des activités diverses, la plaignante a donc effectué une période d'essai sans faire d'essai, et a été remerciée en application à un contrat de travail sans contrat de travail ? » « Oui, tout à fait », acquiesce le conseil de l'aide auxiliaire, Emmanuel Visse, le délégué syndical CGT. Il réclame pour elle le paiement de son salaire, soit 815,56 €.

Mme Kalaya Kamiokong a gagné et obtenu ce qu'elle demandait.

« Maillon faible »

Il a le regard de ceux qui, n'ayant déjà pas grand-chose, se sont vu tout retirer. Dans les yeux de cet homme discret qui a l'air de s'excuser de tout, on peut y voir de l'incrédulité, de la fatalité et beaucoup de dignité silencieuse. Il ne dit rien de sa condition, ne demande rien d'autre que le minimum : faire valoir ses droits. Accompagné de sa femme qui le soutient du regard, Ahmed Rouhabi est venu raconter son histoire qui tient en quelques mots.

Embauché le 2 avril 2007 comme manutentionnaire chez Calberson, il est payé 1 687 € brut, soit légèrement au-dessus du SMIC. Cinq ans plus tard, en juillet 2011, une « maladie lourde et invalidante », dont on ne saura rien, l'oblige à être plusieurs fois hospitalisé. Quelques mois plus tard, les médecins le disent guéri et prêt à retravailler. Mais son retour à la manutention n'aura pas lieu : il a été viré le 2 décembre, douze jours avant l'expiration de son dernier arrêt maladie.

Quels arguments son employeur a-t-il trouvés pour licencier son salarié non seulement malade, mais toujours en arrêt maladie ? La réponse est difficile à imaginer. Ahmed Rouhabi est coupable d'avoir perturbé l'organisation du travail parce qu'il a été trop souvent absent. Ce n'était pas sa faute, mais il a mis une jolie pagaille, foi de Calberson. Parce que, dans cette entreprise de transports de fret qui emploie 11 300 personnes, l'absence d'un seul manutentionnaire met en péril l'activité de la société. Un poste laissé vacant, et tout fout le camp.

Il faut en avoir de l'imagination pour inventer ce motif de licenciement, et de l'obstination pour soutenir l'argument devant la justice du travail. « On a beaucoup de mal à trouver des remplaçants, à recruter des intérimaires et des CDD. On ne trouve que des gens qui veulent des CDI », a tenté d'expliquer l'avocat de Calberson. Il ramait tellement que, pour un peu, il nous aurait fait de la peine…

« C'est se moquer du monde, a fulminé le conseil d'Ahmed Rouhabi. Comme si mon client était la clé de voûte de cette entreprise ! La perturbation ? Zéro. La vérité, qu'ici on ne veut pas dire, c'est que Calberson a licencié un salarié malade et hospitalisé parce que l'entreprise a voulu se débarrasser d'un maillon faible. » Et l'avocat de continuer : « Au lendemain de son arrêt maladie et déclaré officiellement guéri par les médecins, il s'est vu perdre son boulot alors qu'il aurait pu continuer à travailler. Il n'a pas retrouvé d'emploi et se trouve aujourd'hui confronté à des difficultés économiques et financières majeures. Pour compenser cette violence, il demande près de 15 000 € d'indemnités pour licenciement abusif, rappels de congés payés et préjudice moral. »

Ahmed Rouhabi a gagné. La chambre 7 de la section du commerce a condamné Calberson à payer tout ce que son ancien employé lui réclamait.

Ouvriers polonais contre patron français

Ils sont trois, deux frères et un de leurs collègues. Tous ont des épaules carrées, un corps solide sanglé dans une veste en cuir. Ils s'appellent Zibgniew Adamczak, Andrej Splawinski et Grzegorz Splawinski. Ils sont polonais et OHQ, ouvriers hautement qualifiés. « C'est-à-dire OS, ouvriers spécialisés, comme on disait autrefois, ce qui veut dire qu'ils n'ont aucune qualification », précise leur avocat. Ils dépendent de la convention collective du bâtiment et d'un patron français qui, du jour au lendemain, les a laissés sur le carreau.

Embauchés par la SARL Batipro, en décembre 2007 pour Zibgniew Adamczak et courant septembre 2008 pour Andrej et Grzegorz Splawinski, ils ont travaillé jusqu'en octobre 2009. Le problème, c'est qu'entre-temps la boîte a été placée en liquidation et que leur patron a disparu. Ils ont travaillé quatre mois sans être payés en espérant toucher leurs salaires en une seule fois. Mais ils se sont trompés, et ne voyant rien venir, les trois manœuvres ont fini par arrêter de bosser sur les chantiers. Mais ils l'ont fait, faute de mieux, sans avoir été officiellement licenciés, sans avoir eu d'entretien préalable, sans avoir effectué de préavis ni touché leurs congés payés. Ils n'ont pas, non plus, reçu de certificat de travail à remettre obligatoirement à Pôle emploi, ce sésame indispensable à l'ouverture des droits au chômage. Et pour compléter ce sinistre tableau, leur patron, en escroc des organismes sociaux, ne les avait pas tous déclarés, se gardant bien évidemment de les prévenir.

« Ce dossier est relativement simple », a poursuivi l'avocat des trois ouvriers polonais. Après un court exposé des faits, il égrène sa liste de demandes : rappels de salaires non versés, rappels de congés payés non effectués, indemnités pour licenciement abusif, indemnités pour absence de préavis, établissement d'attestations conformes pour Pôle emploi, indemnités pour « travail dissimulé » à l'encontre de ce patron fantôme qui ne paiera de toute façon pas l'addition. Car, si le conseil donne raison à ces ouvriers maltraités, la note sera présentée non pas à lui, mais au mandataire ad hoc chargé de la liquidation de l'entreprise en faillite. Pas vu, pas pris. Et tellement pratique pour un responsable malveillant.

Ils ont gagné tous les trois et ont obtenu ce qu'ils demandaient.

Zibgniew Adamczak : 900 € d'indemnités de repas, 397,08 € de rappels de salaires de janvier à avril, 1 775,20 € d'indemnités pour congés payés.

Andrej Splawinski : 2 420 € d'indemnités de repas, 3 829,24 € d'indemnités pour congés payés.

Grzegorz Splawinski : 12 509,88 € de rappels de salaires de janvier 2009 à août 2010, 5 084,98 € d'indemnités de préavis, 7 627,47 € de dommages et intérêts pour rupture abusive de contrat de travail, 2 194,54 € de congés payés afférents. En plus du versement de ces sommes, obligation a été faite de leur fournir des bulletins de paie, un certificat de travail et une attestation pour Pôle emploi.

Harcèlement moral

Elle semble perdue, cette femme menue seule sur le banc des plaignants. Les yeux gonflés, elle retient ses larmes, tamponne ses paupières. Parfois, en silence, elle éclate en sanglots, laisse mourir le son de sa voix dans les hoquets de l'émotion. Avec l'aide d'une avocate pugnace, Aude Marchand se bat contre ses harceleurs présumés, ses anciens employeurs, responsables de la société Publicom, assis tout près d'elle, sur le banc d'à côté. Sûrs d'eux, souriant parfois, s'échangeant des clins d'œil complices et moqueurs, ils font preuve d'une démonstration de force toute masculine. Trois hommes solides contre une femme fragile qui leur tient tête, mais n'arrive pas à soutenir leurs regards. La parole des uns contre la parole de l'autre, obstinée, qui depuis 2009 maintient avec courage une accusation difficile à prouver, souvent rejetée avec mépris.

En octobre 2006, Aude Marchand est embauchée comme directrice par la société Publicom qui s'occupe d'un site Internet de comparaison de prix. Tout va bien. Enceinte, elle part en congé de maternité. Tout va toujours bien. C'est à son retour, en mai 2008, que ses relations professionnelles se gâtent. Ses patrons la rétrogradent dans ses fonctions, lui retirent toute responsabilité ainsi que son assistante, expliquent à ses collègues qu'elle est une manipulatrice, leur demandent de ne plus lui adresser la parole. On lui fait quitter son bureau individuel pour l'installer dans un open space. On lui intime l'ordre de justifier toutes ses allées et venues, on contrôle son emploi du temps, on lui adresse deux avertissements. Bilan de l'opération : Aude Marchand est tellement affectée par la dégradation de ses conditions de travail qu'elle tombe en dépression. Un arrêt maladie en septembre, un deuxième en décembre puis un troisième en janvier, ponctués par des retours de plus en plus difficiles à vivre à Publicom, où l'ambiance se détériore.

Ses employeurs lui enlèvent son ordinateur, lui ferment sa boîte e-mail, l'obligeant à continuer à travailler sur son ordinateur personnel, et la forcent à signer une lettre diminuant ses objectifs commerciaux, donc sa rémunération. Elle s'y refuse. Ils la convoquent, l'enferment dans une pièce, exercent des menaces, et elle finit par accepter. « Ils m'ont dit : “Tu ne sortiras pas tant que tu n'auras pas signé cette lettre”, explique Aude Marchand. Une collègue m'a dit qu'elle avait eu un différend avec eux et qu'ils lui ont déclaré : “Si tu continues, on te fera la même chose qu'à Aude.” J'ai compris que je n'étais pas en train de devenir folle, que je ne “psychotais” pas. Je n’arrivais plus à manger ni à dormir. Malade, dépressive, humiliée, je vivais l’enfer et j’ai fini par démissionner et porter plainte pour harcèlement moral. » Sa déposition terminée, elle éclate en sanglots, osant à peine regarder les juges prud’homaux qui écoutent avec une attention soutenue, dans un silence tendu. « Mme Marchand a réussi à se reconstruire lorsqu’elle a décidé de quitter l’entreprise où les pressions étaient inadmissibles », précise son avocate. Celui de la Publicom réagit en affichant une sorte de sourire qui agace jusqu’à la présidente de la chambre. « Ne souriez pas, maître, ce n’est pas nécessaire. »

Les arguments de la défense, venue en force – ils sont trois, alors que seuls deux responsables de Publicom sont poursuivis –, sont simples : tout ceci n’est qu’une fable. « Ne vous laissez pas berner par l’écran de fumée de ma consœur », assure l’avocat de la société. Sa thèse ? Aude Marchand, habitant Compiègne, voulait changer de travail. Mais comme elle ne voulait pas partir sans indemnités, elle a inventé cette histoire de harcèlement. Une stratégie donc, ne reposant sur rien de tangible. Des modifications de fonction ? Aucune. Son assistante ? Ce n’était qu’une stagiaire. Le changement de bureau ? Cela n’est pas infamant, tout le monde travaille aujourd’hui dans un open space. La séquestration ? Une plaisanterie, c’est elle qui avait demandé la réunion, elle a pu sortir comme elle le voulait. Les certificats médicaux ? Ils sont dus à la complaisance d’un médecin qui n’était pas dans l’entreprise. « C’était illégal, j’aurais pu attaquer », s’énerve l'avocat. Les témoignages ? Aucun venu de l'intérieur de la société. Conclusion du défenseur : « On l'a compris, Mme Marchand, qui a retrouvé du travail comme elle l'espérait secrètement, a suivi les conseils avisés de son avocate pour récupérer les 88 000 € d'indemnités qu'elle réclame. »

À ces mots, la jeune femme lève la tête, regarde ses anciens employeurs assis sur le banc d'à côté. Dans ses yeux, il n'y a que de l'incompréhension et de la stupeur.

Aude Marchand a perdu. Le 19 janvier 2012, les deux conseillers employeurs, le conseiller salarié et le juge départiteur ont, dans les attendus de leur jugement, considéré qu'aucune des pièces fournies – lettres ou e-mails –, qu'aucune attestation de ses collègues (pour la plupart des stagiaires), que les certificats médicaux établis par son médecin traitant ne permettaient d'étayer ses accusations. « Certains des faits établis par Mme Marchand peuvent laisser présumer l'existence d'un harcèlement à son encontre. En effet, plusieurs personnes attestent dans le même sens et au même moment que Mme Marchand est sanctionnée deux fois sur le plan disciplinaire, alors qu'elle ne l'avait jamais été », considère la présidente de l'audience qui dans son jugement ajoute aussitôt : « Cependant, il est démontré que l'employeur apporte des éléments objectifs permettant d'expliquer ses agissements et d'écarter tout motif de harcèlement. »

En conséquence, elle déboute la plaignante de l'ensemble de ses demandes, ainsi que la société Publicom qui s'était retournée contre son ancienne salariée. Aude Marchand, qui ne touchera donc pas les 141 789,78 € (indemnités de licenciement, indemnités compensatrices, dommages-intérêts...), n'aura pas à payer les 19 654,19 € à ses anciens employeurs.

Pour le principe

M. Christian Pâle est venu seul défendre sa requête. La soixantaine, il a le verbe clair et la détermination tranquille. Pour ce formateur à Supinfo, une école supérieure d'informatique, ce n'est pas une question d'argent – il réclame 1 712 € –, mais une question de principe. Il entend ainsi faire reconnaître par les juges du travail que rémunérer les professeurs, non pas comme des salariés indépendants mais en leur versant des honoraires, n'est pas une pratique acceptable.

« Pour l'année 2008-2009, il n'y a eu aucun problème, mais en 2010-2011, on m'a proposé d'être payé en honoraires. Je n'ai touché mon salaire que six mois plus tard. J'ai trouvé cela abusif et anxiogène », explique Christian Pâle qui s'aperçoit qu'il n'est pas le seul formateur dans ce cas. « J'ai demandé à être payé à la fin du mois. Et j'ai annoncé à mes collègues et à la comptabilité que, si je ne l'étais pas immédiatement, je demanderais la requalification des contrats. »

Une démarche effectuée moins pour lui, qui va partir à la retraite, mais pour l'ensemble de ses collègues. « Il n'est pas normal que Paris International Campus, qui gère Supinfo, fasse des économies de trésorerie sur le dos de ses prestataires », conclut cet homme en paix avec sa conscience et soulagé d'avoir défendu une juste cause.

Le conseil lui a donné raison, condamnant l'école à lui verser 1 000 € à titre de dommages et intérêts et 200 € au titre de l'article 700.

La bataille du rail

Un morceau d'histoire de France s'est invité au conseil des prud'hommes de Paris. Une histoire d'immigration, où dans les années 1970, les entreprises françaises allaient chercher de la main-d'œuvre dans ses ex-protectorats et demandaient à ces indigènes, comme on disait alors, de faire les trois-huit sans broncher jusqu'à la retraite. Sauf que, parfois, les choses ne se passent pas tout à fait comme ça : ces dits travailleurs immigrés, pour certains devenus français, ont fini par considérer qu'il fallait en terminer avec la discrimination. Voilà pourquoi 750 cheminots d'origine marocaine poursuivent la SNCF pour faire reconnaître des droits dont ils estiment avoir été spoliés.

En 2007, ils saisissent les prud'hommes. Sept ans déjà que la procédure est ouverte et que Léopold Mendès, leur avocat, a dressé la liste des griefs qui fondent sa saisine devant la justice du travail : « Déroulement de carrière moins favorable ; accès refusé aux examens ;

absence d'intégration dans le processus de notation ; refus de prise en compte de l'ancienneté ; accès refusé à la caisse de prévoyance des cheminots ; impossibilité de départ à la retraite à 55 ans ; prestations sociales nettement inférieures. » Dans ses volumineuses conclusions et pas moins de trente audiences, il assure que, parce que marocains, ils n'avaient pas le droit de passer des examens internes favorisant leur avancée de carrière. Ainsi le cas de Mohamed Chellaoui. Il voulait devenir « facteur », c'est-à-dire responsable de la formation des trains. À sa « demande de participation à un examen », il a pu lire sur son accusé de réception : « Agent ne réunissant pas les conditions d'admission au cadre permanent (nationalité marocaine). » Nationalité marocaine étant soulignée. Parce que marocains, ils ne pouvaient pas aller se soigner dans les centres médicaux SNCF installés dans les gares, uniquement réservés aux (vrais) cheminots. En cas de blessure, ils devaient se rendre à l'hôpital public. Ils étaient également privés de la carte de circulation qui permet de prendre le train quasi gratuitement. Demandée en 2001, ils l'ont finalement obtenue en 2004.

Autre argument présenté par leur avocat : comme ils sont affiliés au régime général et non au statut particulier de la SNCF, ces salariés étrangers ne peuvent partir à la retraire qu'à 62 ans minimum, alors que leurs collègues français s'en vont à 55 ans. Si certains d'entre eux sont devenus cheminots après avoir pris la nationalité française, la SNCF n'a pas voulu prendre en compte leur ancienneté, repoussant ainsi la date de leur départ. « Si l'âge de la retraite a été décidé à 55 ans, c'est que, passé ces années, il devient très dangereux de travailler sur les rails, on a moins de réflexes, on prévoit moins le danger. C'est un travail pénible, difficile, qui use. L'un d'entre nous est mort dans un accident de travail. Il avait 62 ans », explique leur porte-parole, Abdelkader Bendali. En somme, pour eux, c'est travailler plus longtemps pour gagner bien moins. Leur retraite est modeste – un SMIC, pas plus – et inférieure de moitié à celle des cheminots français. Correspondant à 75 % des six derniers mois pour les cheminots français, elle est calculée pour eux sur les vingt-cinq meilleures années comme pour l'ensemble des salariés du privé. « Ces discriminations ont commencé après leur embauche et ne se sont jamais éteintes », conclut Me Mendès. « En réalité, alors que leur contrat de travail stipule que le travailleur étranger a droit au même régime que les ouvriers français, ils sont restés des cheminots de base à assembler des wagons dans les gares de triage, là où leurs collègues ont fait carrière. »

La SNCF rejette ces accusations et assure qu'en aucun cas elle n'a pratiqué de discrimination à l'égard de ces travailleurs, puisque le statut particulier de cheminots était réservé aux seuls nationaux français. Pour préparer sa défense, elle demande le renvoi des audiences. On la comprend, comme on comprend qu'elle affûte ses arguments pour ne pas perdre un procès où des sommes vertigineuses sont en jeu. 300 000 à 400 000 € par plaignant, soit plusieurs centaines de millions d'euros, si la juridiction du travail, jugée compétente pour trancher ce litige, ne retient pas la position de la SNCF.

Le combat s'annonce long et difficile. Ce mercredi 2 mai 2012, seule une quarantaine d'entre eux ont fait le déplacement à l'audience des prud'hommes. La complexité des dossiers est telle et le nombre de plaignants si important qu'ils ont été scindés en plusieurs groupes. Dans celui du jour, ils sont quatre-vingt-trois qui attendent que leur affaire soit jugée. Mohamed Chellaoui est l'un d'eux. Marocain, la soixantaine passée, il a mis pour l'occasion un costume chic et une cravate claire. Il parle doucement, raconte son histoire, identique à celle de ses collègues massés dans le couloir de la section du commerce, l'air concentré, grave. « Au début des années 1970, via l'Office national de l'immigration, la SNCF est venue nous recruter sur place », explique ce natif de Mohammedia, une ville portuaire située à côté de Casablanca. « Ils ne nous ont jamais considérés comme des cheminots. On n'a jamais pu obtenir le statut de cadre permanent. On est restés des contractuels sous le régime PS25 », poursuit cet ancien « agent de mouvement », qui fut à la manœuvre pour les départs et les arrivées des trains. Comme tous les autres, il demande réparation et attend dans le couloir du conseil avec la patience de ceux qui ont raison. Le syndicat Sud est venu les soutenir, estimant que ce « traitement différencié du fait de l'origine étrangère » est une « forme de discrimination directe ».

À l'issue d'un débat rapide, l'audience sur le fond a été une nouvelle fois renvoyée. La bataille du rail n'est pas prête de finir.

Ces plaignants qui sont désormais un millier à avoir engagé une action (ils ont été regroupés en dix-sept dossiers), n'attendent aucune décision dans les mois, voire les années, à venir. Les premiers dossiers ont été examinés et renvoyés en départage.

Surveiller ou bricoler

Section : Activités diverses, une histoire d'agent de sécurité contestant son licenciement. Il s'appelle Lofti Asilah et attaque la SAS Cejip Sécurité. Le premier considère que son ex-employeur s'est séparé de lui de façon abusive après cinq ans de bons et loyaux services, la seconde estime que cette décision était parfaitement légitime tant il avait multiplié les fautes graves.

Qu'est-il donc arrivé à cet homme grand, au physique de l'emploi, plutôt élégant dans son jean bleu ciel et sa chemise à carreaux de même couleur ? En fait, on ne se souvient pas bien de ces griefs, tant l'argumentation paraît légère. Oui, il n'était pas à son poste par deux fois, deux absences, certes, mais justifiées, comme en attestent les photocopies de ses rendez-vous obligatoires. Il était convoqué par l'Aide sociale à l'enfance et par le tribunal pour enfants. « Vous savez bien qu'on est absolument obligé de se rendre à ces convocations. Ce sont des motifs légitimes d'absence.

On ne peut lui en faire le reproche, d'autant qu'il a prévenu », explique son avocat. Certes, mais il n'y a pas que ça dans le dossier de l'agent de sécurité. Et l'avocat de la partie adverse de dresser l'inventaire des éléments à charge.

En quatre ans et huit mois, il a écopé de trois avertissements. Le 4 août 2008, pour abandon de poste, absence injustifiée et menace sur son supérieur hiérarchique ; le 29 juin 2009, pour non-port de l'uniforme dans son intégralité, c'est-à-dire parka et pantalon bleu marine ; le 13 octobre 2010, pour ne s'être pas rendu sur son lieu de travail. Ces avertissements n'auraient pas, à eux seuls, suffi à justifier un licenciement pour faute grave s'il n'y avait eu cet incident au fort de Romainville dont il avait la garde. Cejip Sécurité l'avait chargé de sa surveillance. Il devait ouvrir et fermer les portes, contrôler les allées et venues, répondre au téléphone si besoin. S'est-il lassé de ce travail qu'on imagine fastidieux quand il ne se passe rien ? Ou bien a-t-il pensé que le fort de Romainville, abritant des gendarmes, était déjà suffisamment bien gardé ? Toujours est-il qu'il a abandonné son poste et son uniforme pour, en jean et en baskets, aller réparer sa voiture.

« Tu leur diras, s'ils me cherchent, que je suis parti à la pharmacie acheter un médicament », lance-t-il à son collègue avant d'aller bricoler. Et comme il n'a pas vraiment l'impression de commettre une faute en laissant vacant son poste de surveillance, quand il voit arriver un de ses supérieurs hiérarchiques venu contrôler ses troupes, il lui dit : « Excuse-moi, je ne peux pas te serrer la main, je suis plein de graisse. »

Une délicate attention selon Lofti Asilah. Un geste impardonnable aux yeux de la société de surveillance pour qui l'inconséquence coupable de son employé lui a causé un double préjudice, « en termes d'organisation d'équipe et en termes d'image ». Voir ses agents de sécurité se transformer en garagistes pendant leur vacation n'est en effet pas du meilleur goût. Et qui plus est dans un lieu appartenant à l'armée.

Lofti Asilah a convaincu le conseil. Il a fait condamner la société à lui verser 706 € de rappels de salaires, 2 824 € d'indemnités pour non-respect du préavis de licenciement, 1 674 € d'indemnités de licenciement, 284,40 € de congés payés.

Didier Porte ou la loi, rien que la loi

Le code du travail a ceci d'intéressant, c'est qu'il évite de parler politique. Ainsi l'audience de ce mercredi 29 février 2012, qui examinait, pour la seconde fois, le cas de l'humoriste Didier Porte, ex-France Inter, viré le 23 juin 2010 en même temps que son collègue Stéphane Guillon, par Philippe Val qui dirigeait alors la radio publique.

Souvenez-vous, c'était au début de l'été, le directeur de la station généraliste ne supportant plus l'humour matinal de ces deux chroniqueurs les met à la porte. Cette double éviction provoque quolibets et railleries, d'autant qu'elle était attendue depuis des mois. Ce double limogeage avait en effet été placé dans la corbeille du nouveau marié à la station publique par le président de la République lui-même. Évidemment, les dirigeants de Radio France contestent cette version, assurant qu'ils étaient bien assez grands pour prendre, tout seuls, une telle décision. Bref, qu'en matière de goût et de couleur… Passons.

Didier Porte qui conteste ce licenciement attaque alors aux prud'hommes. La première audition se tient en avril 2011. Mais les quatre juges prud'homaux – deux salariés, deux patronaux – n'arrivent pas à se mettre d'accord. Une audience de départage est donc fixée quelques mois plus tard, ce mercredi 29 février. Les audiences de départage sont présidées par un magistrat professionnel, assisté d'un ou de deux conseillers salariaux et d'un ou de deux conseillers patronaux. En tout, soit trois ou cinq.

Ce mercredi, la petite salle A43 du départage est quasi vide. Il y a la présidente de l'audience, dans sa robe noire de magistrat, assistée de quatre conseillers prud'homaux. En face d'elle, à droite, Didier Porte et son avocate, Me Françoise Davideau, à gauche le conseil de Radio France, Me Frédéric Sicard. Les débats ne dureront qu'une petite heure et ne porteront que sur le droit, rien que le droit. Pas, ou si peu, de rappels au contexte politique. Pas de souvenirs non plus de l'agitation médiatique que le départ des humoristes avait provoquée. Mais des arguments fondés sur les conventions collectives, le statut d'artiste ou de chroniqueur, les articles du code du travail, les arrêts de jurisprudence de la cour d'appel, de la Cour de cassation et de la Cour européenne, des décisions déjà rendues par le conseil des prud'hommes, la jurisprudence récente. Bref, une bataille purement juridique, au grand soulagement des conseillers.

Me Davideau, l'avocate de Didier Porte a lancé, à ce sujet, quelques arguments convaincants. « Mon client a travaillé dix ans sans discontinuer à Radio France, du 29 octobre 1999 au 25 juin 2010 au soir », a-t-elle expliqué. « Les trois premières années, aucun contrat de travail ne lui a été fourni. Ce n'est que trois ans plus tard que des CDD ont été établis et, pour certains, entachés d'irrégularités. Combien ? 195 ! Ce qui équivaut à une régularisation en CDI. D'ailleurs, pour justifier le licenciement, Radio France a adressé à Didier Porte une lettre en recommandé comme pour un CDI, preuve qu'il n'était pas considéré comme un collaborateur occasionnel. Si cela avait été le cas, la direction se serait contentée de lui indiquer qu'elle ne reconduirait pas son CDD à l'expiration de ce dernier. » Bref, Radio France n'a pas respecté le code du travail.

L'avocat de la maison ronde a rétorqué que les CDD étaient légaux puisque Didier Porte, en tant qu'artiste, entrait, selon la convention collective, dans la catégorie de « collaborateur spécialisé des émissions », « donc Radio France n'a pas fait fausse route ».

« Et les CDD pendant dix ans ? » lui a demandé la présidente de l'audience en lui coupant presque la parole.

« Vous trancherez », a répondu l'avocat de Radio France, manifestement surpris par cette intervention qui laissait deviner la décision du conseil.

Il a donné raison à Didier Porte.

La section des « Activités diverses » chambre 2, réunie en audience de départage, a condamné la radio publique à verser à l'humoriste plus de 250 000 €. D'abord, lors de ses trois premières années de collaboration, Didier Porte, qui a commencé à travailler à la radio publique le 18 mars 1999, n'a jamais reçu de contrat écrit. Ensuite, à partir du 3 septembre 2002, il a eu un très grand nombre de CDD : 195 en onze années de présence. Enfin, certains de ces contrats comportaient des irrégularités juridiques, en violation des articles L-1242-12 et L-1242-13 du code du travail, à savoir : absence de signature, remise tardive… Bref, un désordre juridique qui n'a pas fait hésiter le conseil. Celui-ci a donc ordonné la requalification des CDD en CDI avec les indemnités correspondantes (8 420,78 € pour la requalification de CDD en CDI, 16 841,56 € pour le préavis, 1 684,15 € pour les congés payés et 73 271 € pour le licenciement).

Puisque Didier Porte était embauché à Radio France, poursuit le conseil des prud'hommes, la lettre que la direction de France Inter lui a adressée le 22 juin 2010 pour mettre fin à sa collaboration est considérée comme un licenciement. « Je souhaite renouveler et faire évoluer notre antenne, ce qui me conduit à réaménager la grille de France Inter. Ma démarche s'inscrit à la fois dans la nature de notre activité et est inhérente aux métiers de la radio. La conception d'une nouvelle grille de programme contraint nécessairement la direction à renoncer à certaines émissions ou chroniques. C'est ainsi que la chronique « L'humeur de », programmée à 7 h 55 dans la matinale de la semaine, ainsi que la « Chronique de Didier Porte », programmée dans l'émission « Le fou du roi », ne figureront pas dans la nouvelle grille de rentrée radiophonique 2010/2011. Votre collaboration à l'antenne de France Inter cessera donc au terme de vos contrats actuels, soit le 25 juin 2010 au soir. » Signé : Philippe Val. Problème : cette lettre n'est pas conforme au code du travail qui impose de justifier le licenciement, d'en exposer les griefs et de proposer deux mois de préavis. En conséquence, le conseil a considéré que ce licenciement était « nécessairement dépourvu de cause réelle et sérieuse ». Cerise sur le gâteau, il a noté le « caractère brutal et vexatoire de la rupture » ainsi que le préjudice en résultant pour le salarié. Pour cela : 150 000 € supplémentaires.

Délit d'ivresse

Cela ne se fait pas de boire pendant les heures de service, ni de se battre avec ses collègues, ni d'insulter la clientèle. Du moins cela peut coûter cher. Sidi El-Ahmed en sait quelque chose, lui qui, pour ne pas avoir été un serveur modèle, a été licencié par le gérant des restaurants *Au Bon Couscous* et *La Couscoussière.* Lui, le salarié, grand, poli et agacé par les propos de son ex-patron, crie au mensonge.

« Ces fautes n'ont jamais existé, si ce n'est dans la tête du gérant qui voulait se débarrasser de M. El-Ahmed », a assuré l'avocat du plaignant. « Quand on monte un dossier de toutes pièces, il y a toujours un grain de sable qui vient gripper le mécanisme. » Le grain de sable qui fait s'effondrer les arguments du restaurateur ? Une main courante déposée par le serveur dans laquelle il est dit qu'une bagarre a effectivement eu lieu, mais que c'est lui qui en a été la victime. Autres éléments démontrant la machination : des pseudo-faits, des documents fabriqués à charge que Sidi el-Ahmed n'a pas signés, une procédure non respectée, un incident dont il aurait été responsable, mais après son départ effectif… C'est dire que rien ne vient justifier ce licenciement abusif dont il demande réparation à hauteur d'une vingtaine de milliers d'euros (dommages et intérêts, heures supplémentaires non payées, indemnités compensatoires, etc.).

« Ah ! M. El-Ahmed veut avoir une chance au tirage et au grattage. Vous croyez vraiment que cela va se passer comme ça ? » a répondu le défenseur du *Bon Couscous*. Pour témoigner de sa bonne foi et de la solidité de ses arguments, il abat son jeu, soit un bon nombre d'attestations et de témoignages contre le serveur. Des collègues de M. El-Ahmed : « comportement agressif », « harcèlement », « propension à déclencher des bagarres ». « Je lui ai demandé plusieurs fois de me laisser travailler tranquille », assure l'un d'eux. « Il m'attendait à la sortie de mon travail et me mettait la pression. » Une cliente : « Je suis allée manger *Au Bon Couscous* avec des amies. Ce jour-là, je suis accueillie par M. El-Ahmed qui nous offre des kirs de bienvenue. Il nous dit qu'il pourrait nous en apporter deux autres gratuitement contre un pourboire plus conséquent. Il était très démonstratif et dragueur. Mais très vite, nous nous sommes lassées de cette attitude. Le patron lui a dit d'arrêter. Il nous a offert le repas et s'est excusé. Il était vraiment désolé du comportement de son serveur. » Un autre client : « Il semblait assez chaud, le ton est vite monté et le gérant lui a demandé de rentrer chez lui. » Et, clou du spectacle : le témoignage d'un policier qui patrouillait dans le cinquième arrondissement de Paris, quartier du *Bon Couscous*. L'agent : « J'ai pu constater que M. Sidi El-Ahmed était ivre pendant les heures de travail. Il avait insulté tout le monde. »

Le serveur en costume gris a voulu ajouter quelque chose, dire une fois encore que tout cela n'était qu'une version tronquée de la vérité. Il a essayé, mais le président de l'audience lui a coupé la parole très sèchement. « Vous n'avez plus la parole, monsieur, les débats sont clos. »

Affaire renvoyée devant le juge départiteur.

« Conflit ethnique » ou l'humour douteux d'un président de chambre

La première fois, on s'est dit : « J'ai rêvé ? J'ai bien entendu ? Qu'a dit le président ? Conflit quoi ? » Et puis, on a continué à suivre les débats, l'oreille aux aguets. Quelques minutes plus tard, le doute n'était plus permis. Le président de l'audience a recommencé : « Vous savez, nous n'aimons pas trop juger les conflits ethniques. » « Conflits ethniques » ? Mais franchement, que vient faire cette réflexion douteuse dans ce débat lié au travail ? Et le malaise s'est insinué silencieusement.

De ce juge prud'homal, on ne sait pas grand-chose. Son nom n'était pas inscrit sur la feuille « pour plaidoirie » annonçant l'ordre de passage des affaires et leurs protagonistes. L'homme doit avoir la soixantaine passée et une vision du monde qu'il semble avoir coupé en deux : il y a lui, et il y a les autres. Les autres, « le conflit ethnique », c'étaient deux femmes d'origine thaïlandaise qui, après avoir été amies, avoir travaillé ensemble dans le même salon de massage, ont fini par se fâcher. La première, Mme Kitsuwon, a saisi les prud'hommes contre la seconde, son ancienne patronne créatrice d'une entreprise unipersonnelle à responsabilité limitée, l'EURL Siam Nouat Thaï.

Rémunérée 1 380 € comme masseuse, Chureekorn Kitsuwon était parfois payée en liquide. Elle n'a pas signé de contrat de travail en bonne et due forme, n'a pas bénéficié de congés payés et ou d'indemnités de précarité. Ses bulletins de paie ne lui étaient pas délivrés et elle espérait que se concrétise une promesse d'embauche en CDI. Au début, elle s'en accommode, mais le temps passe et Chureekorn Kitsuwon s'agace de ne rien voir venir. Sa patronne et amie lui demande une nouvelle fois d'attendre, qu'elle n'a pas de souci à se faire et qu'elle régularisera la situation en rentrant de ses vacances d'août.

À son retour, le 3 septembre 2011, tout explose. La responsable de Siam Nouat Thaï accuse son employée, qu'elle avait hébergée dans son appartement situé au-dessus du salon de massage, de lui avoir volé 20 000 € en liquide, cachés dans un sac fermé. Elle la chasse aussitôt et l'injuriant : « Tu es une voleuse. Je vais prier pour qu'il t'arrive malheur. » Chureekorn Kitsuwon dépose une main courante, saisit la justice du travail. « Cette histoire a été montée de toutes pièces, dira son avocat. Elle a servi de prétexte pour s'en débarrasser, la licencier sur-le-champ, sans lui verser d'indemnités, ni d'attestation pour Pôle emploi. »

« Faux », rétorquera à son tour l'avocat de la gérante qui expliquera que la fin du contrat de travail était prévue et sa date connue, qu'elle n'a jamais payé en liquide son ex-employée parce qu'elle n'était pas au salon pendant les dates où elle soutient avoir été présente. Bref, que Mme Kitsuwon a tout inventé pour toucher de l'argent, alors que c'est elle, et elle seule, qui avait décidé d'arrêter de travailler.

« J'imagine qu'elles ne vivent plus ensemble ? » interroge le président, trop content de sa bonne blague qui ne fait sourire que lui. Et, avec l'élégance d'une enclume, de conclure les débats en disant : « C'étaient des plaidoiries amusantes » (*sic*). « Vous savez, nous n'aimons pas trop juger les conflits ethniques » (re-*sic*). Les avocats n'ont pas réagi à ce propos. Les trois autres juges prud'homaux non plus. Le regard dans le vague, n'exprimant ni agacement ni accablement, peut-être tenaient-ils à la charge de leur mission, c'est-à-dire à respecter la neutralité attentive qu'on attend d'un juge. Peut-être s'étaient-ils dit qu'ils allaient régler leur différend non pas en public, mais dans le huis clos de la délibération.

Ce qui semblait prévisible l'a été : les deux conseillers du collège employeur auquel appartient le président ne sont pas arrivés à se mettre d'accord avec les deux conseillers du collège des salariés.

L'affaire a donc été renvoyée en départage.

Le diable s'habille en Chanel

Ce jour-là, dans une petite salle sans apparat, semblait se jouer l'image, la réputation, la dignité, que dis-je, l'honneur de la maison Chanel. Du moins son avocat et la directrice des ressources humaines en étaient persuadés, à les voir se battre, toutes griffes dehors, pour réparer un potentiel outrage devant une salle vide avec une journaliste pour seul public.

Mais qui pouvait être l'individu maléfique mû par l'ignoble dessein de traîner en justice l'emblème du prestige de la France ? Une jeune femme, ni trop discrète ni trop guerrière, qui réclamait que soit prononcée la nullité de son licenciement et la réintégration dans la boutique de l'avenue Montaigne, à Paris. Plus des dommages et intérêts (150 000 €), dont 12 mois dc salaires (120 000 €). On n'est quand même pas pauvre dans la haute couture.

En 2010, Dominique André est contactée par la maison qui espère la débaucher de chez Yves Saint

Laurent. Après pas moins huit entretiens et une période d'essai fructueuse, elle est embauchée en CDI, comme attachée de direction chargée de gérer la boutique de la rue Montaigne. Mais les relations se dégradent si vite qu'un an plus tard le licenciement est prononcé.

Pourquoi ? C'est toute l'affaire qui déchire ces deux femmes. D'un côté, la salariée, qui crie au harcèlement, aux mauvais traitements, au mépris si violent et manifeste qu'il a entraîné de la souffrance et des arrêts maladie. De l'autre, la directrice des ressources humaines, Nathalie Lemesle. À entendre cette responsable, cette jeune femme qu'elle avait crue motivée, énergique, volontaire, s'est avérée être très décevante. Elle n'était pas au niveau professionnel espéré, manquait d'intérêt pour son travail, arrivait en retard ou était absente, refusait d'endosser ses responsabilités, ne respectait pas les codes vestimentaires, se montrait méprisante à l'égard de ses subalternes. Mais surtout, cette employée est une menteuse qui a inventé de toutes pièces cette histoire de harcèlement. Une faute, pire, une insulte impardonnable faite à la maison de couture qui, elle, ne peut être qu'exemplaire. « Tout ce qui a été fait pour Mme André est extraordinaire », dira l'avocate de Chanel. « Ce dossier est un cas d'école : mise au point d'un parcours d'intégration, d'un coaching à 5 000 €, de dix-sept jours de formation. Quand on a vu que ça n'allait pas, on a essayé de trouver une solution. Un poste d'attachée de direction lui a été proposé à Toronto. On lui a donné sa chance, elle ne l'a pas prise. »

Alors pourquoi une de leurs salariés est-elle tombée malade, a alerté la déléguée du personnel qui a lancé un droit d'alerte sur les conditions de travail ? Une enquête a été diligentée, des témoignages, notamment ceux des vendeuses, ont été recueillis. Ces résultats ont été transmis à la déléguée du personnel. Qu'a-t-elle dit ? A-t-elle validé les résultats qui écartaient le harcèlement fait par Chanel à Dominique André ? « Oui », assure la DRH. « Certainement pas », répond l'attachée de direction pour qui la version de Chanel est fausse et les témoignages orientés.

Déjà tendue, l'audience prend un tour différent. Parce que, justement, la représentante du personnel, citée comme témoin par la plaignante, se trouve dans le couloir, attendant qu'on vienne la chercher. Elle connaît bien la maison – vingt ans qu'elle y travaille – et en maîtrise les codes et les usages.

La présidente : « Je vous poserai une seule question : y a-t-il bien eu une procédure d'alerte et a-t-elle été suivie ? »

Le témoin : « En qualité de déléguée du personnel, c'est moi qui ai officiellement déclenché cette procédure. L'enquête a duré plusieurs semaines et a été réalisée sans ma présence. Je n'ai pas eu accès aux témoignages, mais j'ai reçu une synthèse. Il n'y a pas eu de suite. »

L'avocat de la plaignante : « Reconnaissez-vous avoir validé les conclusions de l'enquête et le fait qu'il n'y a pas eu de harcèlement à l'égard de Mme André ? »

Le témoin : « Oui et non. Oui parce que, lors d'une réunion, un compte-rendu de l'enquête m'a bien été fait. Non, parce que la question du harcèlement n'a pas été abordée. » Tonnerre de l'avocate de la défense. « Mais elle ment ! Elle a prêté serment. Elle fait preuve de mauvaise foi. Elle devrait être condamnée pour ça à 10 000 €, amende infligée aux salariés qui ont une intention malveillante à l'égard de leur employeur. »

La chambre de l'encadrement chargée de juger le différend s'échauffe un peu plus. Elle a abandonné son ton feutré pour laisser place à des joutes excessives. On se croirait au tribunal correctionnel où les défenseurs se combattent, montent la voix, usent de la menace pour instaurer un rapport de force. Les conseillers prud'homaux, eux aussi désireux d'avoir des réponses, contribuent un peu plus à l'agitation et pressent la présidente de poser des questions.

Avant d'être complètement débordée, celle-ci suspend l'audience. Le temps de la pause ne suffira pas à calmer les esprits. Aussitôt, l'avocate de la maison de couture repart à l'assaut : « Je vous demande de noter ce qui vient de se passer, faire acter qu'elle a menti sous serment. C'est mon droit le plus strict. » La présidente à la déléguée du personnel : « Vous confirmez ce que vous avez dit sous serment ? » Le témoin, très calme : « Oui. À l'époque, j'ai été surprise de tout ce qu'on reprochait à Mme André. » Et à une autre question : « Elle n'a pas bénéficié d'un parcours d'intégration spécifique, taillé sur mesure, spécialement pour elle. C'est comme cela pour tout le monde chez Chanel. » La présidente : « Madame la directrice des relations humaines, vous avez initié cette réunion, vous étiez donc là. Pouvez-vous venir à la barre ? » Toute menue sur des talons hauts, elle s'immobilise face au conseil pour redire, mais cette fois avec moins de force et d'excès que son avocate : « Jamais Chanel n'a harcelé Mme André. »

Dominique André a été déboutée de toutes ses demandes. Elle n'aura ni un sou ni le plaisir de voir publier dans la presse la condamnation de Chanel, comme elle l'avait réclamé.

Urgences

Audience des référés qui sont les urgences des prud'hommes. Trente-six dossiers sont inscrits à l'ordre du jour. Tous doivent être examinés dans l'après-midi. Il faut faire vite. Les plaignants y réclament l'établissement de leurs bulletins de paie, les certificats de travail, les lettres de licenciement que leurs entreprises n'ont pas établis en bonne et due forme. Une somme de documents indispensables et nécessaires à l'ouverture de leurs droits au chômage, Sécurité sociale, retraite… Pôle emploi ne transige pas. Sans eux, pas de dossier, donc pas d'indemnités.

Alors comme un bataillon hétéroclite de salariés maltraités, ces hommes et ces femmes défilent devant les juges des référés, en quête d'une réponse immédiate. Jeunes, vieux, seuls ou en groupe, ils viennent généralement sans avocat. Et tellement mal informés. Si personne n'est censé ignorer la loi, eux, en ignorent presque tout. De la procédure prud'homale, ils ne savent rien, en effet. Ce qui parfois agace le conseil qui doit tout expliquer dans un échange verbal rapide et parfois surprenant.

« Affaire n° 7, M. José Moubake contre la SA Artec », annonce le président. Un homme s'approche. « Monsieur, vous êtes qui ? Le représentant de la société ? Vous avez un justificatif le prouvant, une attestation, une feuille de paie ? Non ? Eh bien, peut-être pouvez-vous nous faire envoyer un fax ? Vous ne pouvez pas, la société est fermée le lundi ? Tant pis pour vous, monsieur, c'est terminé. Le conseil en a par-dessus la tête d'entendre que les affaires sont traitées avec lenteur. La faute à qui ? Il y a des règles à respecter, respectez-les. » Aussitôt le président prononce la radiation de l'affaire.

Affaires suivantes, les numéros 10, 11 et 12, trois salariés contre l'EURL Véro l'Aiglon. « Vous êtes deux, mais j'ai trois plaignants. On en a perdu un. C'est Monique ? Mais elle est où Monique ? Elle est toujours vivante ? Et la société, elle l'est aussi ? Ah, il y a un autre patron. Vous n'avez pas été payés depuis trois mois. Vous voulez l'être aujourd'hui, mais avez-vous adressé une citation auprès de la société qui, manifestement, ne vient pas chercher ses lettres recommandées ? Dans ce cas, il faut saisir un huissier qui le délivrera en main propre. Quand cela sera fait, vous reviendrez devant nous. On ne peut pas vous entendre en l'état. Dites-le à Monique. Et allez voir à la mairie si vous pouvez bénéficier de l'aide juridictionnelle. »

Dans la pratique, la moitié des trente-six dossiers inscrits à l'ordre du jour ne sera pas examinée. Pour cause de radiation, de désistement avant l'audience, d'irrecevabilité, de pièces manquantes, d'absence de plaignants ou d'accusés, de retard d'avocats dont les excuses ne peuvent tempérer la rigueur du président. « Un camion de pompiers a bloqué la rue à cause d'un accident grave, ce qui explique votre venue tardive ? Maître, vous n'étiez pas là, c'est tout. Ce serait la fin du monde, ce serait la même chose. » Au grand dam de l'avocat, l'affaire est radiée. Circulez, il n'y a plus rien à entendre. Sauf quand le dossier est complet. Là, le conseil se montre patient, attentionné parfois, toujours attentif.

Pour l'une, c'est un rappel de salaire de 110 €, une attestation de travail mal faite parce que ne portant que le nom de mariage et non celui de naissance de la jeune femme qui, manifestement, est à bout. « Monsieur, en faisant attendre votre ex-salariée des mois, vous vous rendez compte que vous êtes en train d'obérer ses droits ? Alors, rectifiez cette erreur, tout de suite, à la barre, contresignez en bas de l'attestation et remettez-la-lui. Et vous, madame, courez à Pôle emploi, s'il n'est pas trop tard, déposer votre attestation rectifiée et conforme. »

La suite de l'audience se poursuit avec une coiffeuse qui réclame 451,20 € à la société Annemone et qui se fait aider par une de ses copines qui parle mieux le français qu'elle. Il y a également un homme timide qui ne comprend pas ce qu'on lui dit, il pense avoir été licencié alors qu'apparemment, à la lecture des documents remis aux conseillers, il a démissionné sans en avoir conscience. Il y a aussi sept salariés de Syrian

Airlines qui demandent des indemnités de licenciement après que la société, faute d'activité, a dû licencier l'intégralité de son personnel à Paris. Ils ont reçu leur solde de tout compte, leur bulletin de paie, leur attestation pour Pôle emploi, mais rien au titre de la rupture du contrat de travail qu'ils sont en droit d'exiger. À tous, le juge leur donnera raison.

D'autres affaires viendront encore, celle de ce pilote de ligne mis à pied pour avoir légalement refusé de signer son nouveau contrat, alors que son employeur – une société française privée chargée de transporter des hommes d'affaires, des stars et des sportifs de haut niveau – avait décidé de se domicilier en Angleterre pour des raisons fiscales. Celle de ce menuisier qui demandait à être payé 100 € par jour par son patron, tout en avouant travailler au noir, n'avoir aucun papier et aucune preuve pour justifier de ses vingt jours de boulot. Enfin, dernier dossier, celui porté par six jeunes qui poursuivaient la SARL STB Construction Group pour l'obliger à leur verser des mois d'impayés. Les chèques sont arrivés dans leur boîte aux lettres la veille de l'audience. « C'est l'effet magique de la convocation, souligne le président. Soudain, les sociétés se disent : “Ah, on avait oublié qu'on devait de l'argent” », s'amuse-t-il en concluant : « Donc tout va bien. »

Deux versions pour une tentative de suicide

Janus a deux visages. Cette affaire aussi, au sens où l'accusation et la défense produisent des éléments identiques, mais en font une interprétation diamétralement différente. Noir ou blanc, c'est selon, pour éclairer ce dossier douloureux où il est question de harcèlement moral, de souffrance au travail et d'une tentative de suicide.

Côté face, côté salariée. Tout commence en 2008 lorsque Caroline Vial-Simon, une employée de Sophia Publications[1], obtient une promotion. Simple comptable pendant dix-huit ans, elle devient responsable de l'ensemble des services de comptabilité. Un beau poste, et dix salariés sous ses ordres. De quoi se réjouir. En fait, pas vraiment. « Mme Vial-Simon est alors soumise à une forme de management paradoxal

1. Sophia Publications édite *Historia, L'Histoire, La Recherche* et *Le Magazine littéraire.*

mêlant compliments et reproches particulièrement déstabilisants », explique son avocat. Sa charge de travail augmente. Les demandes de la direction deviennent de plus en plus impossibles à satisfaire. Un vendredi à 19 heures, par exemple, on lui demande de fournir tous les éléments de comptabilité pour une réunion programmée le lundi suivant à 9 heures du matin.

Le temps passe et, petit à petit, tout se détraque. Les relations avec sa hiérarchie se tendent encore plus. Plusieurs fois elle se dispute avec sa supérieure. Elle se plaint d'être peu considérée et que ses efforts ne soient jamais récompensés. Caroline Vial-Simon alerte les élus du personnel sur les conditions de travail qui se dégradent, la pression grandissante, mais aussi l'exiguïté des locaux, un bureau de 23 m^2 où s'entassent six personnes et qui connaît de sérieux problèmes de chauffage. En tant que secrétaire du comité d'hygiène, de sécurité et des conditions de travail (CHSCT), elle demande une étude sur la prévention du stress dans l'entreprise, étude que refusent les dirigeants de Sophia Publications. Sa santé se dégrade de semaine en semaine, elle plonge dans une dépression et craque. Mi-avril 2010, Caroline Vial-Simon fait une tentative de suicide.

À sa sortie de l'hôpital Tenon, elle écrit, le 21 avril 2010, à son PDG pour l'entretenir de son état de santé et de l'augmentation insupportable de sa charge de travail. De réponse, elle n'en aura pas. « Plus grave encore, alors qu'elle est toujours en convalescence, son chef lui adresse un courrier d'une violence extraordinaire, poursuit l'avocat de

Caroline Vial-Simon. Elle lui reproche d'avoir mis un code sur son ordinateur. Elle lui parle de faute professionnelle, de manque de loyauté, menace de la renvoyer. » Du coup, la comptable replonge. Le médecin du travail, qui notera un trouble psychique lié à une souffrance au travail, conseille d'« évacuer Mme Vial-Simon du milieu professionnel dans lequel elle est exposée ». Elle n'aura pas d'autre choix que de signer une lettre de démission et de porter plainte aux prud'hommes pour licenciement forcé et harcèlement moral.

Côté pile, côté employeur. De ce récit, la société Sophia Publications ne conteste aucun fait. Oui Mme Vial-Simon se sentait stressée, oui elle a fait une dépression, oui elle a fait une tentative de suicide parce qu'elle ne supportait pas la pression professionnelle. Mais ces difficultés ne sont pas dues à l'encadrement et au management plus musclé de l'entreprise. « Quand vous êtes nommé à un poste plus important, les charges changent, les exigences aussi. Vous n'êtes plus exécutant, vous devez faire tourner la boutique », considère l'avocat de la maison d'édition. Pour lui, l'explication est limpide : Mme Vial-Simon a été débordée par ses nouvelles fonctions. Elle ne pouvait pas faire face. Du coup, elle a perdu pied, incapable de répondre à une demande simple. « Vous venez de dire qu'elle a subi une charge de travail insupportable ? La réponse est non. Vous considérez qu'elle n'a pas été accompagnée par l'entreprise à ce nouveau poste ? Mais elle a bénéficié de huit formations ! Elle a eu une évolution de carrière normale, avec une augmentation normale et des responsabilités normales. » Bref, si elle a craqué, c'était à cause de sa fragilité et de son incompétence.

Caroline Vial-Simon a été déboutée.

Quand s'envolent 100 millions de dollars

Vallourec fabrique des tubes énormes, qui servent principalement à l'industrie du pétrole et du gaz. Il y a ceux pour les colonnes de forage (*drill pipes, drill collars, heavy weight drill pipes*), pour l'équipement des puits (*oil country tubular goods*), pour les canalisations sous-marines destinées au transport des hydrocarbures des têtes de puits vers la surface (*risers*) ou la terre ferme (*line pipes* spéciaux). Vallourec emploie 22 000 personnes et a réalisé en 2011 un chiffre d'affaires d'environ 5,2 milliards d'euros. Du lourd, du très, très lourd. C'est pourtant à ce mastodonte aux spécialités tubulaires que s'en est pris Abdel Zaïna. Licencié le 10 janvier 2012 sans ménagement, ce cadre conteste son éviction et demande 110 000 € de dommages et intérêts.

Abdel Zaïna est un cadre commercial exemplaire : dynamique, rigoureux. Dans la gestion de ses dossiers et la réalisation des objectifs fixés, doté d'une solide expérience dans le domaine pétrolier et d'une bonne connaissance de la Sonatrach, l'entreprise publique algérienne, acteur majeur de l'industrie des hydrocarbures, avec laquelle il a tissé des liens privilégiés. Ses entretiens d'évaluation sont bons et Vallourec ne peut que se féliciter d'avoir embauché ce professionnel, trois ans plus tôt, en CDI pour 5 600 € brut mensuel.

Mais il y a un bug. « Une cassure », dira l'avocat du salarié qui fait le récit de cette séparation litigieuse. Le 23 août 2011, la Sonatrach publie un appel d'offres dans le numéro 789 du *Bulletin des appels d'offres du secteur de l'énergie et des mines* (*Baosem*), une sorte de *Journal officiel.* De nombreux corps de métier et entreprises sont concernés par ce marché dont l'enveloppe globale atteint les 650 millions de dollars, divisée en différents lots. Plusieurs entreprises de stature internationale sont intéressées, dont Vallourec, bien sûr, qui est une des plus compétitives sur ce marché où la bataille est âpre et les bénéfices juteux.

Abdel Zaïna remplit les dossiers de candidature. C'est son métier. Après leur élaboration, il doit les faire valider par ses supérieurs, puis les envoyer en temps et en heure. Les règles de la Sonatrach sont extrêmement strictes : tout dépôt de dossier hors délai sera considéré comme irrecevable. *Dura lex, sed lex.* Passé la date, adieu marché, adieu millions. C'est à prendre ou à rater. Et Vallourec l'a raté... Bilan du manque à gagner potentiel : 100 millions de dollars. La faute à qui ?

Pour l'entreprise de tuyaux, la responsabilité de cette erreur incombe à Abdel Zaïna. C'est lui, et lui seul, qui s'est trompé de date. Il méritait, pour cette faute caractérisée, d'être licencié le 28 octobre 2011. Pour le cadre supérieur, la faute incombe à son supérieur hiérarchique, qui n'a pas fait son travail. Sa défense est la suivante : quand il s'est rendu compte que la Sonatrach donnait deux dates différentes selon sa version papier ou sa version Web – elle parlait soit du 22 septembre, soit du 23 septembre –, M. Zaïna a aussitôt averti sa hiérarchie. Résultat : cafouillage total, réponse floue ou pas de réponse du tout. Bref, le dossier est bien envoyé, mais un jour trop tard. Catastrophe : Vallourec est disqualifiée ainsi que trois autres grandes compagnies étrangères. Toutes ont déposé des recours. L'entreprise algérienne a fini par faire amende honorable, reconnaissant avoir commis une erreur sur son site Internet. Mais le mal était fait. Et un peu gênant. 100 millions de dollars de manque à gagner, ce n'est quand même pas rien.

« À propos, 100 millions de dollars, cela représente une perte de combien en pourcentage par rapport au chiffre d'affaires ? » a demandé un conseiller. L'avocat de Vallourec n'a pas répondu à la question du conseil. Dommage, parce que ce qui est valable pour le pétrole l'est aussi pour la justice du travail : tout n'est qu'une question d'échelle et de respect des procédures.

Abdel Zaïna a perdu.

Touche pas à ma salariée !
Ou comment une militante poursuit SOS Racisme et la FIDL

Licenciement abusif, pratiques vexatoires, harcèlement moral, séquestration, vol et travail impayé : tel était le contenu ahurissant de ce dossier ahurissant. Et ce que racontait la plaignante, tailleur gris et tête baissée, soutenue par sa famille venue spécialement pour l'occasion, n'était pas reluisant.

Début mai 2009, Julie Leroux est contactée par le président de SOS Racisme qui a repéré la jeune fille pour son dynamisme. Il lui propose de l'engager comme permanente de la Fédération indépendante et démocratique lycéenne (la FIDL). Elle accepte, « signe son contrat de travail aux conditions proposées par Dominique Sopo, soit un CDI à temps plein, une rémunération de 1 299 € et un poste d'animatrice socioculturelle, chargée du développement », indiquera Me Kadri. Elle est jeune, militante et passionnée.

Elle a 20 ans et quitte Grenoble où elle a faisait ses études. Elle s'installe à Paris et nage dans le bonheur du militantisme. On est le 1er juin 2009. De réunion en réunion, d'action en action, l'été passe vite. Sauf qu'une ombre obscurcit ce tableau idyllique : elle n'est pas payée. Certes, elle reçoit les bulletins de paie de juin, juillet et août, mais aucun chèque. Lors d'une de ses nombreuses rencontres avec Dominique Sopo, Julie Leroux lui dit : « Je ne peux pas rester comme ça, je vais démissionner. » Il lui répond en substance que c'est dur en ce moment, qu'il n'y a plus d'argent. Finalement, raconte l'avocate de la plaignante, Dominique Sopo lui fera un chèque de 1 500 € sur ses deniers personnels, puis un autre de 500 €. En dépannage, à condition qu'elle mette de l'ordre dans les comptes mal tenus de la FIDL et qu'elle trouve de nouvelles subventions. Elle accepte, et n'aurait jamais dû.

Les lendemains qu'elle avait espérés meilleurs virent au cauchemar. Après avoir été régularisée en novembre 2009, rebelote : elle n'est pas payée de mars à juin 2010. Par ailleurs, elle découvre un vrai bazar comptable – absence de certifications des comptes de 2007 et 2008 –, grossit de cinquante kilos, va de plus en plus mal et finit par tomber malade en mai 2010. Avant de partir se reposer auprès de sa famille, elle passe au local de la FIDL prendre ses affaires. Là, retenue de force pendant cinq heures, poursuit la jeune femme, elle sera sommée de restituer les documents compromettants qu'elle aurait découverts en essayant de mettre d'aplomb la comptabilité. Elle finira par s'enfuir, abandonnant tout sur place. Du 28 mai au

6 juin, en arrêt maladie, elle enverra des SMS pour qu'on lui redonne les clés de son studio qu'elle avait l'habitude de prêter aux militants. « On a découvert que tu as détourné de l'argent », recevra-t-elle pour seule réponse. Le 10 juin, jour de la fin de son arrêt maladie, elle revient travailler au bureau et trouve porte close. Le lendemain, sa mère fait venir un huissier pour constater la fermeture du local de la FIDL. Le 14 juin, elle finira par être reçue, demandera le paiement de ses salaires, la remise de ses affaires et de ses clés. « La suite n'est pas mieux, poursuit Me Kadri. On la conspue sur Facebook, on l'accuse d'avoir émis soixante chèques sans provision pour un total de 160 000 €, on organise un simulacre d'entretien avec Massira Baradji (le président de la FIDL par intérim), on l'informe qu'une plainte pour détournement de fonds sera déposée contre elle. » Le 18 août, elle est licenciée pour faute lourde.

En réponse, l'avocat de SOS Racisme se contentera du minimum, assurant que l'association, qui donnait des conseils de grand frère à la FIDL, n'est dans cette affaire ni coupable ni coresponsable. D'ailleurs, il ne produira aucune pièce ni cote de plaidoirie. L'avocate de la FIDL dira que ce récit est totalement mensonger, que la plaignante a accepté de démissionner, qu'elle n'est pas une « petite salariée modèle harcelée par des lycéens violents ». Elle ajoutera que c'est Mlle Julie Leroux qui, contrairement à ce qu'elle affirme, a sollicité l'embauche à ce poste, qu'elle connaissait parfaitement la situation financière de l'association, qu'elle a très vite confondu ses comptes et ceux de la FIDL, qu'elle s'est approprié le local pour y habiter, que son comportement était totalement inadapté à l'égard des lycéens et que, enfin, elle a commis de nombreuses fautes qui ont contraint les dirigeants à la mettre à pied.

Avant de clore les débats, la présidente, qui conduit les audiences d'une voix claire et d'une main de fer pour contenir une ambiance extrêmement tendue, posera deux questions à la défense :

« Avez-vous porté plainte contre Julie Leroux pour détournement de fonds ? »

L'avocate de SOS Racisme : « Non. »

« Avez-vous la preuve du versement des salaires de Mlle Leroux ? » poursuit la présidente.

L'avocate : « Elle a écrit qu'elle a été payée. »

« Je ne vous demande pas ce qu'elle a écrit, mais ce que vous avez fait. »

L'avocate : « Si une salariée a indiqué avoir été payée, cela ne vous suffit pas ? »

« Non, absolument pas. C'est à l'employeur de le prouver. Maître, vous devriez le savoir, c'est la loi. »

Et la loi, ni SOS Racisme ni la FIDL ne l'ont respectée.

SOS Racisme et la Fédération indépendante et démocratique lycéenne (la FIDL), considérés coemployeurs, ont été condamnés à verser à Julie Leroux : 3 750 € de rappels de salaires du 1er avril au 14 juin 2010, 1 909 € de préavis et 12 000 € d'indemnités pour licenciement sans cause réelle et sérieuse 1 000 € au titre de l'article 700.

Hollande vs Sarkozy

Ubuesque, exemplaire et pathétique. Telle est cette histoire où chaque camp maintient ses positions, refuse de parler à l'ennemi, sauf par communiqués interposés, et brandit avec énergie le drapeau de la liberté de la presse. Il est question d'indépendance et de soumission au pouvoir politique, de petites magouilles et de l'honneur de ne pas y tremper.

Reprenons. Le 25 octobre 2011, dans l'édition de *France Football*, ce bihebdomadaire connu pour décerner le Ballon d'or, doit être publié en pages 50 et 51 un entretien avec François Hollande, alors vainqueur de la primaire socialiste. Il y évoque ses équipes préférées, comme celles de Rennes et de Guingamp, parle du FC Rouen, club de son enfance, de l'AS Monaco. Rien de très méchant, encore moins de très politique.

Pourtant, à la direction du groupe Amaury, ce papier dérange. François Morinière, le directeur général du groupe qui détient aussi *L'Équipe* et *Le Parisien*, le fait savoir au directeur de la rédaction de *France Football*, Denis Chaumier.

Ordre lui est donné de remplacer cet article. Refus catégorique du patron de la rédaction qui s'offusque : « Qu'il prenne une telle décision sans avoir lu l'article, sans en avoir parlé avec moi d'abord, ni en avoir discuté avec le journaliste, c'était hallucinant. »

Arguments contre arguments. Discussion orageuse. « À ce moment-là, raconte Denis Chaumier, François Morinière m'explique qu'on vit dans une république bananière, que le président Sarkozy décide de tout et que le groupe a besoin de lui pour obtenir la chaîne sportive de la TNT qui doit être attribuée au mois d'avril prochain. Il va nous y aider. Il ne faut rien faire pour lui déplaire. » Les considérations footballistiques de son futur adversaire à l'élection présidentielle seraient-elles de nature à troubler les intentions de Nicolas Sarkozy ? Denis Chaumier en doute, mais campe sur ses principes. « J'ai répondu à la direction que le minimum serait de respecter l'indépendance de la rédaction face à tous les pouvoirs, que je couvre totalement le journaliste qui a réalisé l'entretien de François Hollande et que je ne l'enlèverai pas. »

Résultat du match : le papier n'a pas été publié, le groupe Amaury a obtenu sa chaîne en avril 2012 et le directeur de la rédaction a été licencié après plus de trente années de présence dans l'entreprise. Sauf que Denis Chaumier a décidé de jouer les prolongations en contestant son licenciement, à ses yeux aussi infondé qu'indigne.

Devant la justice du travail, les deux parties n'ont pas lâché un centimètre de terrain à leur adversaire. L'avocat de Denis Chaumier a redit ce que l'ancien patron de *France Football* affirme en boucle. « Nous sommes confrontés à un licenciement politique politicien », précise son avocat qui poursuit : « Le 25 novembre 2011, mon client se fera sortir comme un malpropre après trente-deux années pendant lesquelles il n'eut ni avertissement ni rappel à l'ordre, mais des promotions et des primes. Pour justifier cette décision, le groupe montera un dossier contre lui, s'appuyant sur des arguments burlesques. Denis Chaumier demande réparation de ces préjudices moraux et professionnels. »

« En aucun cas », a répondu l'avocat du groupe *L'Équipe* qui a rejeté avec force la thèse du licenciement politique. « Faux, archifaux. C'est une invention totale de M. Chaumier. » Alors que lui reprochaient-ils qui nécessitait un départ immédiat ? D'être un mauvais directeur de la rédaction, d'être un harceleur et d'avoir manqué à la déontologie journalistique. « M. Chaumier a pété les plombs à l'égard de son directeur, François Morinière. Son attitude a été inacceptable. Avec ses collaborateurs, il avait organisé une sorte d'omerta et détestait être contredit. Trente ans d'ancienneté ne protègent personne. »

Certes, mais imaginons que cette version soit la bonne, quelles solutions la direction du groupe a-t-elle mises en place pour améliorer le comportement du directeur de la rédaction de *France Football* ? À l'audience, la directrice des relations humaines n'a pas donné d'autres précisions que cette généralité : « On est toujours soucieux des rapports entre les salariés et ses responsables. » Dont acte.

Denis Chaumier a perdu.

Honni soit qui mail y pense

La mésaventure est banale, mais cruelle. Cette petite histoire d'e-mails qui aurait dû rester inaperçue, noyée dans le flux incessant des boîtes électroniques et qui, au pire, n'aurait mérité qu'un rappel à l'ordre. Mais non, la société Diadeis SAS en a fait une affaire d'État et a réagi comme si sa sécurité intérieure avait été sérieusement menacée. Du coup, elle s'est prise pour la CIA face à un agent double. Action, réaction : 1 – confondre la coupable – une de leurs directrices artistiques ; 2 – l'éliminer en la rayant des effectifs de cette agence de création et production publicitaire. On est en avril 2012.

La faute de Louise Talon ? Avoir envoyé des e-mails de l'ordinateur de son bureau à une de ses clientes personnelles. Pire : avoir travaillé sur ce projet privé pendant ses heures de travail et grâce aux logiciels de graphisme, propriétés de l'agence. En termes techniques, les griefs inscrits sur sa lettre de licenciement sont : violation de l'obligation de la clause d'exclusivité ; violation de l'interdiction d'utiliser des logiciels pour son profit propre ou pour un tiers ; violation de la loyauté envers son employeur. Et sans circonstance atténuante. Ni l'efficacité ni la disponibilité de la directrice artistique, louées par tous, n'ont été prises en compte. Diadeis a quand même fait preuve de grandeur d'âme en la licenciant non pas pour faute grave, mais pour faute simple, et en lui versant un mois de préavis payé, mais pas à effectuer, a tenu a précisé l'avocate de l'agence de pub. Trop sympa, vraiment.

Sauf que, cette version, Louise Talon la réfute et, par voie de conséquence, conteste son licenciement devant la section de l'encadrement. Certes, elle a travaillé sur un projet personnel, mais de chez elle. Elle en a apporté la preuve, c'est-à-dire des captures d'écran prouvant que les fichiers ont bien été créés pendant le weekend, que la version du logiciel Illustrator qu'elle a utilisée ne pouvait être celle de l'entreprise, car bien plus ancienne que la sienne. Et si elle a envoyé des e-mails dans la journée, cela n'a pu en aucun cas empiéter sur son temps de travail, et encore moins mettre en péril, et l'agence et le travail qu'elle effectuait chez Danone.

« Balivernes », rétorque Diadeis qui au contraire considère que la « confiance a été détruite ». À l'en croire, voici comment les choses se sont passées. « Mme Talon travaillait directement dans les locaux de notre client Danone. Elle était loin de l'agence. Jouissant donc d'une grande liberté, elle a pu faire ce qu'elle voulait, dans son coin. Elle se devait d'être exemplaire, elle ne l'a pas été. »

Mais, à propos, comment ont-ils su qu'elle avait envoyé ces e-mails de son ordinateur de travail ? Grâce à une de ses collaboratrices aussi curieuse que bavarde qui, se rendant compte de cette effroyable traîtrise, a aussitôt prévenu ses patrons. « Apprenant que ses subordonnées avaient signé des attestations contre elle, Mme Talon leur a envoyé des menaces et des insultes. Elle s'en excusera ensuite », précise l'avocate de l'agence de pub qui ne veut rien lâcher.

« Vous faites bien d'évoquer ces échanges, mais au moins lisez-les jusqu'au bout, renchérira avec autant d'obstination le conseil de la plaignante. Voilà ce qu'ils disent et que vous omettez de lire à haute voix devant le conseil : "On est désolés, mais on ne peut te soutenir." Ou encore, apprenant qu'elle quitte l'entreprise et a des pistes d'embauche : "Trop cool pour toi. Je pense vraiment à me barrer de cette agence. Je commence sérieusement à préparer mon book." »

L'histoire ne dit pas si l'ex-subalterne de Mme Talon a bénéficié d'une promotion.

Mme Talon a été déboutée de toutes ses demandes.

Ces travailleurs qui n'existent pas

M. Waradi était plongeur. M. Sissoko était serveur en salle et parfois au bar. Tous deux, à peine 30 ans, étaient employés dans un restaurant de la place de la République à Paris. Embauchés en 2008 pour le premier, en 2006 pour le second, ils étaient des salariés sans problème. Ils acceptaient de travailler de 11 heures à 23 heures, six jours sur sept, se pliaient sans rechigner au rythme de la restauration et aux exigences du patron qui ne se souciait guère de leur situation administrative. Et cela dura des mois jusqu'à ce que les deux hommes, en rencontrant le mouvement des sans-papiers, comprennent qu'ils pouvaient être régularisés. Erreur : le patron ne veut pas en entendre parler et, furieux que l'union locale CGT parisienne leur vienne en aide et manifeste devant son établissement, il les licencie tous les deux le 1er mai 2009.

Les employés sont venus plaider leur cause et montrer leurs feuilles de paie sur lesquelles seules deux heures, de 11 heures à 13 heures, étaient déclarées... le reste étant payé en argent liquide. Travail dissimulé, a argumenté le délégué CGT venu les soutenir. Dans le couloir du conseil, ils attendent que les quatre juges délibèrent. M. Waradi et M. Sissoko ont cette même discrétion, ce même sourire fatigué. Ils savent que leur sort ne sera pas réglé de sitôt. « C'est à chaque fois la même chose lorsqu'il s'agit de sans-papiers. Les conseillers patronaux ne se mouillent jamais. Ils ne veulent pas en entendre parler. Pour eux, ces travailleurs n'existent pas », explique Emmanuel Visse, le syndicaliste. Comme si, en se prononçant, il allait rendre légale l'existence de ces clandestins sans qui la restauration ne fonctionnerait pas.

Leur affaire a été renvoyée en audience de départage.

À qui perd gagne

D'entrée de jeu, Élie Montana a frappé fort en dressant la liste de ses demandes. Il réclame 11 067,29 € pour rappels de salaires de janvier à décembre 2006 ; 8 494,01 € pour rappels de salaires de janvier à décembre 2007 ; 6 468,79 € pour rappels de salaires de janvier à décembre 2008 ; 463,87 € pour rappels du salaire de novembre 2009, 6 000 € d'intérêts dus au retard de paiements, 10 000 € pour défaut de cotisation, 10 010 € pour travail dissimulé et 23 357 € de dommages et intérêts ; 2 806 € d'indemnités légales de licenciement ; 3 336,74 € de préavis non effectué. Soit plus de 90 000 €. Une jolie somme, certes, mais proportionnelle au préjudice estimé par le plaignant, un homme grand et athlétique qui écoute attentivement son avocate plaider sa cause.

Le 30 juin 2003, cet « agent de sécurité maître-chien niveau 2 » est embauché par la société Very Important Personality Sécurité. Il a décroché un CDI pour 1 668,37 € brut mensuel, à temps plein. Tout roule. Sauf que, les années passant, les relations entre l'employé et l'employeur se dégradent. Et en 2011, il finit par être licencié pour faute grave.

À partir du mois de janvier 2006, Very Important Personality, qui perd peut-être des clients, n'emploie plus Élie Montana à temps plein. Elle le devrait, mais elle ne le peut plus, se défend-elle, en admettant avoir fait une belle entorse au droit du travail. « On n'aurait pas dû, c'est vrai », reconnaît-elle. Sauf que pour le vigile, la situation est devenue difficile. Les emplois du temps varient sans cesse, sa rémunération fluctue en permanence. « D'un mois à l'autre, il était dans l'incapacité de planifier ses heures de travail. En réalité, il était à la disposition constante de son employeur, explique son avocate. Lassé, il a demandé à son employeur de mettre un terme à cette situation, de régler ces dysfonctionnements pour revenir à une situation compatible avec un contrat à temps plein. » Le 27 octobre 2010, Very Important Personality lui donne rendez-vous. À l'issue de l'entretien, aucune solution ne sera trouvée. Les relations se tendent encore un peu plus. Élie Montana supporte de moins en moins le préjudice que représente cette amputation de salaire qu'il considère injuste. Puis arrive juillet 2011.

Qu'a-t-il fait pendant ce mois d'été ? Était-il à son poste comme il le soutient ? Ou bien s'est-il fait secrètement remplacer par quelqu'un d'autre ? Son collègue a fini par cracher le morceau, affirmant avoir en effet effectué les vacations de M. Montana et falsifié à sa demande le registre de présence. « Faux, répond le vigile. Il n'a aucune preuve de ce qu'il avance parce que, en vérité, il n'y avait pas de feuille de présence. Il n'a donc pas pu signer à ma place. » Parole contre parole. Very Important Personality n'a pas cru celle d'Élie Montana, provoquant ainsi une réaction en chaîne.

En septembre, il ne se rend pas à son poste de travail, considérant, comme il l'écrit à sa direction, qu'il doit être affecté à un poste correspondant à ses compétences, lui qui est passé de niveau 2 à niveau 1, d'agent de sécurité maître-chien à agent de maîtrise incendie. Meilleure formation, meilleur salaire et poste adapté. VIP ne l'entend pas ainsi. Le vigile refuse l'affectation qu'on lui attribue de fait et court devant les ennuis. Début octobre 2011, son employeur, qui considère ce refus comme une absence injustifiée, lui demande des explications. Le 14, il est convoqué à un entretien préalable au licenciement et le 11 novembre, il est viré pour faute grave. Ce qu'il conteste.

La société persiste et signe. Et maintient ses griefs. Pour elle, son ex-employé avait fini par n'en faire qu'à sa tête. Il voulait prendre des vacances en juillet et pour cela a utilisé un mauvais subterfuge. Il ne voulait pas travailler en septembre et a considéré que le poste ne le satisfaisait pas. Quant au CDI pas intégralement payé ? L'avocat de l'entreprise de sécurité a un argument tout trouvé : « Cette situation, certes, pas très orthodoxe, a été régularisée à partir de 2009. Il a été convenu que nous lui réglerions le manque à gagner, c'est-à-dire la différence entre les heures effectuées et le temps plein. » VIP a versé 21 938,51 € à son agent de sécurité. Celui-ci n'aura rien d'autre. Pas un seul euro sur les 90 000 réclamés.

Élie Montana a été débouté totalement de ses demandes.

Opportunité(s)

En quittant BNP Paribas Personal Finance – ex-Cetelem –, Mme Filippi reçoit un chèque de 74 000 €. C'est légitime. Cette femme de plus de 60 ans a choisi de bénéficier d'un PSE, Plan de sauvegarde de l'emploi, cette jolie expression pour dire dégraisser du personnel. Cette somme équivaut à 37 mois de salaires. Assimilée à des indemnités de licenciement, elle n'est donc pas imposable. De plus, l'ancienne salariée a droit à trois ans de chômage et peut donc attendre sa retraite, prévue le 26 décembre 2012, en ayant de quoi vivre. Mais il y a un problème qui la conduit devant la chambre du commerce : Mme Filippi conteste les méthodes qui l'ont poussée à son départ qui n'avait de volontaire que le nom.

À ses yeux, BNP Paribas Personal Finance n'a pas été correcte envers elle. Elle ne lui a pas donné d'informations suffisantes lors de la mise en place de ce PSE, décidé en 2005. Après la fermeture de l'agence de Paris-Sud où elle travaillait comme attachée commerciale, la société n'a pas respecté son obligation de priorité de réembauche, ne lui a pas fourni de détails des postes vacants, d'autres étaient déjà pourvus, ou carrément sans lien avec ses compétences. La suite est confuse, faite d'un embrouillamini de dates, de lieux, de périodes de travail, d'acceptations écrites de conditions de départ, d'entretien musclé. Bref, selon Mme Filippi, ses souhaits n'ont pas été pris en compte et cette absence de considération l'a conduite, de guerre lasse, à quitter l'entreprise. Pour elle, ce départ n'est pas une rupture d'un commun accord, mais un licenciement sans cause réelle et sérieuse. Elle demande en conséquence 20 000 € de dommages et intérêts, 20 000 € pour manquement à la bonne foi et 20 000 € pour non-respect de la priorité de réembauche.

« Une fable que tout cela, s'est agacé l'avocat de BNP Paribas Personal Finance, emblématique de la mauvaise foi de Mme Filippi. On ne lui a pas forcé la main. C'est elle qui nous a assuré qu'elle voulait partir pour s'occuper d'alphabétisation, de personnes âgées et de ses parents malades. Le PSE a été mis en œuvre de façon loyale. » À l'en croire, « elle a bien reçu le détail des postes quarante-cinq jours à l'avance, mais n'y a pas répondu. Elle a réitéré trois fois son intention de quitter l'entreprise dont l'agence Paris-Sud où elle travaillait qui avait dû être fermée en raison de la baisse du chiffre d'affaires du groupe. Elle a demandé combien elle obtiendrait pour son départ ». BNP Paribas Personal Finance affirme avoir fait le maximum pour que leur ancienne salariée « bénéficie de ce dispositif extrêmement avantageux ». Elle considère que « Mme Filippi est là pour tenter d'obtenir des sommes d'argent complémentaires ». En clair, une « démarche de pure opportunité particulièrement choquante ».

Mme Filippi a gagné. Partiellement. La BNP a été condamné aux dépens et à verser à son ancienne salariée 5 721,60 € d'indemnités pour non-respect du devoir d'informations. La plaignante a également obtenu 1 000 € au titre de l'article 700.

La bonne du curé se rebiffe

Rosita n'est pas contente. Elle est même très fâchée contre ses anciens employeurs, les prêtres de la paroisse Saint-François-de-Sales, à Paris, qui l'ont remerciée le 7 avril 2012. Alors elle conteste leur décision devant la justice du travail, demande réparation et réclame des indemnités pour licenciement abusif, exécution de mauvaise foi, paiement du préavis et des congés payés, soit un peu plus de 60 000 €.

Pour l'état civil, Rosita s'appelle Rosa Mansanares. Elle a 64 ans et elle est bonne du curé, cuisinière très exactement. Diacres, prêtres et autres aumôniers qu'elle a nourris n'ont jamais eu à s'en plaindre. La qualité de sa cuisine fut d'ailleurs une divine surprise quand, en 1999, l'association de la paroisse engage ce cordon-bleu pour faire les courses, préparer les repas de midi servis au presbytère, débarrasser la table et ranger la vaisselle. Le problème, c'est que la bonne a du caractère. Cette femme solide, aux cheveux courts, entend se faire respecter et règne en maître sur ses fourneaux. Au royaume de Rosita, il y a peu d'élus. Gare à ceux qui y pénètrent sans autorisation, ils risquent de s'attirer la colère de la cuisinière qui parle fort, râle contre le manque d'organisation et rouspète contre le nombre de couverts prévus – entre six et vingt-six par déjeuner –, qui est en réalité aléatoire.

Puis vient le 22 février 2012. Ce jour-là, l'ascenseur est en panne quand elle rentre, chargée comme un baudet, des courses pour la semaine. Au réparateur de Schindler, elle demande, pète-sec : « Et comment je vais monter, moi, jusqu'au troisième étage ? » Il répond : « À pied, vous n'êtes pas une princesse ! » Et boum, elle l'insulte, utilisant des propos racistes à faire pâlir la paroisse. « Faux », répond la cuisinière. Rosita, qui a retrouvé un emploi de cuisinière à la délégation de la Côte d'Ivoire à l'Unesco – « Curieux, n'est-ce pas, pour quelqu'un qui aurait tenu pareils propos ? » a noté son avocate » –, conteste tout. Et émet une hypothèse : et si toute cette affaire était une machination pour récupérer son logement de fonction, un appartement de 90 m^2 loué pour la modique somme de 630 € ? Au prix réel du marché dans le dix-septième arrondissement, la paroisse pourrait gagner trois fois plus. Vivre de foi et d'eau fraîche n'a jamais rapporté gros.

Sur le banc de la défense, le représentant de l'association des prêtres, tout habillé de gris, maigre et impassible, laisse répondre son avocat qui donne une tout autre version des faits. Outre son caractère épouvantable, Rosita a des absences injustifiées, n'a jamais respecté ses nouveaux horaires, a reçu des avertissements après des remarques agressives et déplacées, a des difficultés relationnelles avec son entourage professionnel et a tenu des propos inadmissibles à l'encontre du père Pascal, originaire du Burkina Faso, qui s'était installé dans la cuisine. « Vous mangez trop de fruits, vous n'êtes pas ici chez vous, sortez ! » Elle n'écoutait rien, ne changeait pas d'attitude malgré les mises en garde, jusqu'à cette affaire avec l'ascensoriste à qui elle aurait dit : « Vous, les Noirs, vous ne serez jamais des Français, vous resterez toujours des Africains. » Trop, c'est trop. « Dehors ! » ont jugé les hommes de Dieu. Depuis, Rosita est à la retraite et menacée d'expulsion.

Affaire renvoyée en départage.

« Madame Gucci, vous êtes grosse »

L'histoire se déroule en deux temps. Mme Séverine Mantoux est embauchée le 25 mars 2005 par la SAS diffusion des ébénistes pour un salaire brut de 2 550 € mensuel. Elle démissionnera – ou plutôt fuira – de l'entreprise quelques mois plus tard. « Dès son arrivée, Mme Mantoux a été confrontée aux méthodes de gestion plus que tyranniques de M. Pierre Fleur », explique son conseil. « Dès que celui-ci arrivait dans les bureaux, tout le monde devait cesser son activité. Il interrompait ceux qui étaient au téléphone, raccrochant le combiné de façon autoritaire, même quand les conversations étaient avec des clients. Les femmes n'avaient pas le droit de porter des pantalons. L'ambiance délétère qui y régnait se caractérisait par la dépersonnalisation du personnel. On n'était pas autorisé à se tutoyer et à déjeuner ensemble. » Mieux encore : « Personne ne pouvait connaître la véritable identité d'un collègue car, sitôt embauché, M. Fleur l'affublait d'un nom d'emprunt. Il y avait par exemple Mme Dior. Mme Mantoux, c'était Mme Gucci. » Le tout assorti de remarques du style « Madame Gucci, vous êtes grosse mais vos rondeurs vous vont bien ». Ajoutez à des intimidations et un bureau de 8 m^2 sans aération, sans ouverture, sans chauffage, bref des conditions de travail inhumaines, d'un autre temps, à croire l'avocate. À bout, Mme Mantoux quitte l'entreprise et, tant mieux pour elle, retrouve un emploi en novembre 2005.

Alors que vient-elle donc faire devant la section du commerce, ce lundi 15 octobre 2012, soit sept ans après son départ ? C'est qu'entre-temps, précisément le 8 octobre 2010, M. Pierre Fleur, sur une plainte initiée par 11 de ses salariés, a été reconnu coupable par le tribunal de grande instance de harcèlement moral. Un jugement confirmé par la cour d'appel. Du coup, forte de cette décision, Séverine Mantoux est allée réclamer réparation devant la justice du travail – second temps de l'affaire. Elle a demandé que sa démission, en réalité contrainte, soit requalifiée en licenciement abusif, avec les indemnités afférentes, soit 10 000 €. Le tout assorti d'une exécution provisoire pour, si elle gagne, faire payer immédiatement son ancien patron.

Mme Séverine Mantoux a été déboutée de toutes ses demandes.

L'époux dévoué

Veste trois-quarts en cuir, costume gris, épaules solides, une sacoche posée à ses pieds ainsi que son parapluie, bien droit mais sans arrogance devant les juges du conseil, calme et précis dans la défense de sa cause : cet homme n'est ni avocat ni professionnel des prétoires. Peut-être est-il juriste, mais on ne le saura pas, comme on ne connaîtra pas son nom, le greffe ne l'ayant pas indiqué sur le planning des affaires jugées cet après-midi à la section encadrement. Il est venu défendre sa femme, Mme Marie-Claire Danielle, épouse Versini. Pour elle, qui n'a pas fait le déplacement, il a pris la parole.

« Mon épouse a été embauchée le 3 janvier 2000 par l'Institut du temps géré (ITG), une société de portage salarial[1] consultante en formation. Le 29 juin 2009,

1. Le portage salarial s'est largement développé ces dernières années. Il permet en effet à ceux qui ne veulent pas prendre le risque de créer tout de suite une entreprise d'exercer une activité en partie indépendante

l'ITG lui a fixé un chiffre d'affaires à réaliser d'un minimum de 60 000 € ; soit 30 % d'augmentation. Constatant que cet objectif n'avait pas été atteint, la société lui a notifié son licenciement le 5 février 2010. Nous contestons cette décision. Le licenciement de mon épouse est abusif. » M. Versini ajoute que la mère de leurs deux enfants a été non seulement virée, mais mal informée par l'ITG. « Ils ont donné une fausse information à mon épouse en l'assurant qu'à son départ elle toucherait les indemnités de Pôle emploi. Cela n'a pas été le cas. Aujourd'hui, elle est dépressive, sans ressources et sans travail. Au bout de dix ans, on s'en est séparé parce qu'elle manquait d'agressivité commerciale. »

Il y a quelque chose de troublant à entendre M. Versini dérouler ses arguments devant les quatre conseillers qui l'écoutent avec attention, comme on viendrait s'expliquer devant un conseil de famille. Les enceintes judiciaires résonnent rarement de la voix des particuliers venus plaider leur cause ou celle de la femme qui partage leur vie. Les prud'hommes ont cela de singulier d'être une des rares juridictions où l'on peut s'y défendre seul ou avec l'appui d'un ami, d'un parent, d'un collègue, d'un représentant syndical. Pas besoin, nécessairement, d'être un spécialiste du droit.

---

tout en conservant certains avantages du salariat. Le système engage trois parties liées les unes aux autres dans un processus de redistribution. Une personne (généralement un consultant) effectue une prestation pour un client. Celui-ci verse les honoraires qui lui sont facturés auprès d'une société de portage qui les rétrocède au consultant sous forme de salaire, après déduction des cotisations sociales (patronales et salariales) et d'une commission.

Des convictions et du bon sens suffisent parfois pour emporter la décision. Le conseil des prud'hommes est comme un arbre à palabres où chacun viendrait demander réparation en toute humilité devant des femmes et des hommes preux, c'est-à-dire sages, prudents et de bon avis.

M. Versini n'a pas su convaincre. Lors de l'audience en départage, le juge professionnel a non seulement donné raison à la société de portage, mais a condamné Mme Versini aux dépens, c'est-à-dire qu'elle doit rembourser les frais de justice de son adversaire.

Homme à tout faire, dont variable d'ajustement

Il est resté assis, carrure solide, pantalon et chemise en jean. Il ne s'est pas approché de la barre des plaignants, obéissant, silencieux, à l'injonction du président de la section des activités diverses – « Ce n'est pas la peine de vous imposer une situation debout pénible, cela ne servira qu'à vous fatiguer ». Sans comprendre vraiment pourquoi on l'a écarté ainsi, il a laissé son avocate raconter les raisons qui l'ont conduit à se présenter.

M. Bertrand Lopez, après deux CDD, a été embauché définitivement le 7 juillet 1999 par le théâtre du Palais-Royal. Pour 2 030 € brut par mois, il y faisait le ménage, effectuait quelques travaux comme de la peinture ou de la menuiserie, s'occupait de tas de petites choses dont a besoin une salle de spectacle. Bref, pendant dix ans, il était « homme à tout faire ». Mais en 2010, il reçoit une convocation à l'entretien préalable de licenciement. Sa faute ? Aucune. La raison ? Les difficultés financières de l'établissement privé, victime d'une baisse de recettes de 10 % en moyenne frappant l'ensemble des théâtres, et du bide retentissant de *On purge bébé* et *Léonie est en avance*, deux pièces de Feydeau mises en scène par Gildas Bourdet. Il faut donc réduire les dépenses, limiter les coûts de fonctionnement. L'avocat de la partie adverse dira avec l'élégance du cynisme : « On a décidé de se recentrer sur notre cœur de métier. » Et ce métier, ce n'est pas le ménage. Alors, hop, compression de personnel. Bertrand Lopez et son collègue sont licenciés le 26 novembre 2010. Mais comme il faut quand même entretenir les 1 000 m^2 de ce théâtre créé en 1637 et classé monument historique, le Palais-Royal fait appel aux services d'une société extérieure. Pratique pour les entreprises qui diminuent ainsi leur masse salariale, ne paient ni charges sociales ni vacances. Un drame pour les salariés assimilés à des variables d'ajustement, tout juste bons à pointer à Pôle emploi.

« On aurait tort de croire que le théâtre du Palais-Royal a voulu se débarrasser de quelqu'un qui coûte cher [*sic*]. Il a voulu s'en sortir tout court pour ne pas fermer », a plaidé l'avocat de l'établissement privé. Sauf que, dans cette histoire, il y a un problème. Les procédures de licenciement sont juridiquement encadrées. Les entreprises doivent en effet, avant de se séparer d'un salarié, qui plus est âgé de cinquante ans, lui proposer des solutions de remplacement, une reconversion en interne. Or ces démarches, qui auraient peut-être permis à M. Lopez de sauver son emploi, n'ont pas été faites. Parce qu'il ne faut pas confondre difficultés économiques et besoin de faire des économies, il conteste son licenciement et réclame 24 mois de salaires d'indemnités. C'est son droit.

M. Lopez a perdu.

Ambassade d'Australie

L'une est portugaise, la seconde néo-zélandaise, le troisième australien. Qu'ont-ils en commun, ces deux femmes et cet homme qui attendent sur le banc des plaignants ? A priori rien. Sauf d'avoir été embauchés par l'ambassade d'Australie à Paris – respectivement aux services généraux, au service du personnel et à l'informatique – puis d'avoir été virés en même temps à l'occasion d'un licenciement collectif justifié par des réductions budgétaires. C'était en 2008. Autant d'années d'attente, cela crée des liens qui n'ont pas altéré l'envie d'en découdre avec leur ex-employeur.

Dans ce dossier, on ne rigole pas avec la procédure. Surtout l'ambassade d'Australie en France et l'État australien qui a mandaté plusieurs avocats. Ceux-ci multiplient les incidents. La première fois, ils ont considéré que la plainte des trois employés était mal formulée. La deuxième fois, ils ont soulevé un problème d'attestation fournie par les plaignants. À les croire, ce témoignage n'était pas conforme. Il aurait dû être manuscrit et comporter la photocopie de la pièce d'identité de son auteur. Bref, ils demandaient que cette pièce, essentielle pour les salariés, soit retirée du dossier.

Face à cette demande, le conseil a été gêné aux entournures. Le président a expliqué, après en avoir délibéré à huis clos, que les juges salariaux et patronaux n'avaient pas réussi à se mettre d'accord, qu'il ne pouvait donc pas trancher, qu'il fallait repousser une fois encore l'audience sur le fond. « Le 17 octobre 2012, ça vous va ? demande-t-il aux trois ex-employés. Cela vous permettra de régulariser vos documents. » Les plaignants n'ont pas eu l'air fâché en apprenant ce nouveau délai de neuf mois. Calmes, déterminés, ils attendent. « L'ambassade dépense beaucoup d'argent pour sa défense. Elle fait traîner au maximum. Nous, on prendra le temps qu'il faudra et on les aura. »

L'affaire a été renvoyée en départage. À l'issue de cette deuxième audience devant le juge départiteur, les salariés ont été déboutés. C'était en 2014, soit six ans après le début de la procédure.

Fausse dent et vrai licenciement

D'un côté, M. Laurent Doridot, directeur de Ceram, une toute petite entreprise spécialisée dans la fabrique de prothèses dentaires, dotée d'une seule salariée. De l'autre, la salariée en question, Mme Marine Portevin, épouse Garrigos, qui poursuit son patron pour licenciement abusif, après dix-huit ans et sept mois d'ancienneté. Elle réclame également 24 mois de salaires d'indemnités afin de compenser cette décision « brutale et perturbante ».

Le 15 mai 1991, cette femme grande et mince est embauchée en CDI par Ceram. Et donne pleinement satisfaction à son employeur, selon la formule consacrée. Les années passent sans heurt. Puis, comme elle a eu des enfants, elle demande à ne pas travailler deux mercredis sur quatre, à charge pour elle de venir les remplacer par les samedis. Ceram accepte cette proposition, à la condition qu'elle ne réclame aucune augmentation de salaire. Cela semble convenir à tout le monde, employé et employeur. D'autant que le métier d'une prothésiste peut supporter une organisation de travail relativement souple. Bref, l'arrangement se fait mais oralement. Après toutes ces années de travail commun, on peut se faire confiance, n'est-ce-pas ? Du coup, quelle ne fut pas la surprise de Mme Garrigos lorsqu'elle reçoit, en septembre 2009, un avertissement lui reprochant un comportement agressif et des absences injustifiées, puis une convocation à un entretien préalable et enfin sa lettre de licenciement, le 29 décembre.

Le problème, c'est que cette version n'est pas du tout celle de M. Doridot. « Il est vrai qu'il n'a jamais eu à se plaindre de Mme Garrigos, jusqu'à ce qu'elle réclame une réduction de son temps de travail », souligne l'avocate du patron. « À partir du moment où elle ne voulait plus travailler le mercredi, elle a fait du chantage. Nous n'avons pas voulu y céder et s'est installé un bras de fer. » À croire la défense, les griefs à son encontre sont nombreux : Mme Garrigos a multiplié les erreurs de fabrication des prothèses, elle tambourinait avec ses genoux pour manifester son mécontentement, portait un casque pour se couper du reste de l'entreprise, se mettait en colère, souriait en coin.

D'une main, la plaignante repousse ces accusations. Une volonté de se couper du reste du cabinet dentaire ? Comme elle réalisait ses prothèses seule au soussol, rien ne l'empêchait d'écouter de la musique. Des erreurs de fabrication ? Cela arrive de rater une fausse dent, mais personne ne lui a fait remarquer une baisse de production. Un agacement ? Oui, cela arrive parfois, mais rien qui justifierait un licenciement.

Les quatre conseillers – deux hommes aux cheveux blancs, deux femmes toutes menues – écoutent, impassibles.

Quelques heures plus tard, leur jugement tombe : Mme Garrigos est déboutée de toutes ses demandes.

La gronde des gardiens de musée

Ils sont omniprésents et invisibles. Silencieux, immobiles, ils gardent les salles d'exposition, surveillent impassibles les allées et venues des visiteurs, rappellent à l'ordre de temps en temps celui ou celle qui s'approche un peu trop d'une œuvre. On ne leur parle pas, on les voit à peine assis sur leur chaise, sanglés dans leur uniforme réglementaire. Ce sont les agents de sécurité couramment dénommés gardiens de musée. La colère gronde chez certains d'entre eux. Ce n'est pas à une institution culturelle en particulier qu'ils en veulent, mais à la société de gardiennage qui emploie 1 500 agents pour un minimum de 151 heures mensuelles payées 1 300 € brut.

« Après un accident de travail qui m'a endommagé le nerf sciatique, j'ai dû faire un reclassement professionnel. J'ai suivi une formation pour être chef d'équipe et j'ai été engagée, il y a trois ans, explique Mme Ortiz, l'une de ces salariés mécontents. Comme je peins moi-même, j'ai été heureuse d'être affectée dans un musée. Vu de l'extérieur, c'est magnifique. Vu de l'intérieur, c'est l'enfer. »

Les griefs tombent comme à Gravelotte contre son employeur : non-respect de son contrat handicapé, comptages abusifs d'absences injustifiées alors qu'elle était à son poste de travail, non-paiement des heures supplémentaires effectuées, brimades humiliantes. « Nous avons des horaires terribles. Quand les salles ouvrent à 10 heures, il faut arriver à 7 h 45. Parfois, les journées se terminent à 20 h 15, voire à 21 h 15. On ne vous oblige pas à travailler lors des soirées privées. Mais c'est mieux d'être volontaire pour ne pas se faire mal voir et avoir des ennuis », explique la jeune femme. Des ennuis, elle en a « parce que je refuse d'être une plante verte qu'on pose où ils veulent, une marionnette qui n'a le droit que de se taire ».

Le métier n'est pas facile. Bien sûr, il y a l'obligation de respecter une certaine tenue dans les salles – ne pas manger, ne pas boire, ne pas écouter de musique, ne pas mâcher de chewing-gum. Il y a les pauses qui passent trop vite – vingt minutes le matin, une heure à midi, dix minutes l'après-midi – et aussi la présence des surveillants de surveillants. L'attitude des gardiens de musée est en effet contrôlée en permanence par des responsables qui passent dans les salles. « La société nous fournit l'uniforme gris, mais pas les chaussures qui doivent être obligatoirement noires. Gare à nous si elles ont un liseré blanc ou si nous mettons des chaussettes blanches. Gare à nous si nous fermons les yeux deux secondes, ils nous reprochent de dormir même si ce n'est pas vrai. Un jour, pour me punir, ils m'ont fait garder une rotonde vide. Pendant quatre mois, je n'ai vu personne, je fixais un petit morceau de carrelage pour tenir le coup. »

Avec une dizaine de collègues sur les 150 agents affectés au même musée, elle entend entamer une procédure. Une menace qu'elle n'a pas mise à exécution, une solution ayant été trouvée.

Le monde à l'envers

Il est malien et était employé, depuis 2005, comme plongeur-commis de cuisine par un restaurateur égyptien. Jusque-là, rien à signaler. Pour pouvoir travailler, alors qu'il était en situation irrégulière, Malick Conté a falsifié une carte de séjour. Le patron de l'EURL Abradavio n'y a vu que du feu. Mais le 2 février 2011, l'employeur reçoit un coup de téléphone de la préfecture de police de Paris l'informant que le titre de séjour de son employé est un faux. Pour se mettre en règle avec la loi qui interdit d'employer des personnes en situation irrégulière, le restaurateur licencie sur-le-champ son salarié. Il appelle la police et c'est encadré par deux policiers que Malick Conté quitte son lieu de travail. Tout aurait pu en rester là. Sauf que le jeune homme, considérant avoir été victime d'un licenciement injustifié, réclame réparation. Soit près de 5 000 € d'indemnités. Et pourquoi ? Parce que le commis de cuisine, qui reconnaît sans difficulté avoir établi des faux papiers, estime que c'était à son employeur de détecter cette tricherie…

« C'est le monde à l'envers, rétorque l'avocat du restaurateur. Son ancien employé est en tort et c'est lui qui demande réparation financière. Mon client n'est pas un expert en carte de séjour falsifiée. On ne peut quand même pas lui demander de vérifier un document présenté comme valable. » Et le défenseur de préciser : « Nous n'avons pas dénoncé M. Conté. Nous ne lui voulons aucun mal. Nous voulons simplement nous mettre en règle. Ces demandes de réparation sont injustes et infondées tant en droit qu'en équité. » En conséquence, il a demandé de débouter intégralement le plaignant de toutes ses demandes. « Si on perd, nous ferons appel », assure le conseil du jeune homme.

Le conseil a prononcé la caducité de l'affaire, constatant que le plaignant ne s'est pas rendu aux convocations sans motif légitime.

La lutte finale de 680 Contis

Les profits insensés, les stratégies cyniques des grands groupes, les délocalisations pour baisser le coût de la production, les licenciements massifs au nom de logiques d'actionnaires de plus en plus gourmands, ça donne quoi en bout de chaîne ? De la casse humaine et sociale, on le sait. Comme on sait qu'un simple coup de stylo rayant une usine sur les pages glacées d'un bilan comptable se transforme, en bas de l'échelle, par du chômage et de la misère, de l'angoisse et de la colère. Pour en témoigner, encore et encore, il fallait assister à l'audience du conseil des prud'hommes de Compiègne qui, à la fin du mois d'avril 2013 et pendant trois jours, a examiné le dossier des 680 ex-Contis. Ces ouvriers de Continental de Clairoix, qui contestent les motifs économiques justifiant la fermeture de l'usine de pneus en 2009.

Ils attendent que la justice du travail leur donne raison, à l'instar du tribunal administratif d'Amiens qui vient d'annuler le licenciement de 22 représentants du personnel, considérant que le motif économique avancé par la direction était injustifié. Ces salariés protégés sont donc réintégrés, mais de façon symbolique car l'usine est vide. « J'ai appelé mon directeur pour lui dire que je voudrais pouvoir retravailler sur ma machine. Il m'a répondu qu'il fallait d'abord que je la retrouve, on ne sait pas où elle a été envoyée. Les machines sont en Roumanie, au Brésil, en République tchèque », raconte Xavier Mathieu, le délégué CGT. « Quand on voit que, depuis la fermeture de l'usine, Continental a réalisé plus de 3 milliards d'euros de bénéfices, ça me donne envie de gerber. »

Il n'est pas le seul à avoir envie de vomir dans ce gymnase couvert transformé en salle d'audience pour contenir autant de plaignants. Les Contis se sont assis sur les chaises installées au milieu de ce qui est un terrain de basket, ils ont rempli les gradins comme pour un match de foot. Tous sont calmes, dignes, souvent ironiques. Aux arguments de la direction de Continental, et quand le mensonge est trop gros, ils répondent par une vague d'indignation qui emplit l'espace. « Chut ! », lance aussitôt la présidente de l'audience de départage et les avocats des Contis appellent au calme. Aucune force de l'ordre n'est présente pour contenir tout débordement éventuel. Les responsables de l'usine, assis au premier rang, ne semblent d'ailleurs pas craindre qu'on vienne leur casser la gueule.

« On est trop gentils », glisse un Conti à l'extérieur du gymnase balayé par un froid glacial. Autour, pas un café mais la *Friterie de Fred*. Un de leurs anciens collègues reconverti dans la vente ambulante a garé son camion juste devant le gymnase de Margny-lès-Compiègne. À la pause de midi, ils font la queue pour acheter des sandwichs, des merguez et des frites, contents de se retrouver. « Ça fait du bien de voir les copains, on n'est pas tout seul dans la merde », assure l'un d'entre eux en ajustant son bonnet. Il galère, comme beaucoup, et tient à l'anonymat. Les Contis ont mauvaise presse chez les employeurs de la région. Trop combatifs, trop fouteurs de bordel. « On n'a fait que défendre nos droits, mais ça leur fait peur. » Lui, en deux ans, n'a eu aucune proposition. Si ! Cinq heures en intérim. Une mission d'inventaires. « J'y suis allé. Ils m'ont expliqué ce que je devais faire, ça a pris une demi-heure, mais elle n'a pas été comptée sur mon temps de travail. Puis, au bout des trois heures, ils m'ont dit qu'ils n'avaient plus besoin de moi. Du coup, j'ai été payé pour deux heures et demie, 27 € pour un boulot à quarante kilomètres de chez moi. Avec le coût de l'essence, j'ai travaillé pour rien. Ça ne remonte pas vraiment le moral. En plus, je ne peux pas prendre n'importe quoi à cause de ma tendinite chronique à mes deux coudes. 2 000 pneus à soulever par jour, ça laisse des traces. » Il a une autre piste, pas sûre encore. « Tu es sur liste d'attente », s'amusent ses copains qui, comme lui, pointent à Pôle emploi.

Sur les 1 113 licenciés, la moitié en effet est au chômage, 100 d'entre eux ont créé des petites entreprises, dont 70 % ont mis la clé sous la porte. Il n'y a pas de boulot, ni pour eux ni pour personne. Christian Lahargue, vingt-six ans de Conti, le confirme entre amertume et ironie. « Le seul emploi qu'on m'a proposé, c'est la direction de Continental qui voulait que j'aille en Tunisie, pour 137 € par mois. » Lui attend sa retraite et se sent bien loti. Mieux que les jeunes dont certains sont partis tenter leur chance ailleurs. « On a tout vendu, ma maison, le magasin de ma femme et on est allés en Charente-Maritime ouvrir un gîte », explique Laurent Martin. « Pour l'instant, ça va. Nous, on a pu se le permettre parce qu'on avait des biens. Mais les autres, ceux qui n'ont rien, ils se retrouvent coincés. Avant, la Picardie, c'était un bassin industriel. Aujourd'hui, c'est le bassin du chagrin. » Pierre Sommé, le secrétaire du CE et du comité de lutte, espère, comme l'ensemble des 680 ouvriers jetés hors de leur usine, que le groupe Continental sera sévèrement condamné « pour cette inacceptable, scandaleuse réalité qui consiste à sacrifier des salariés et leurs familles, au nom de l'augmentation des profits de plus en plus importants. »

Les Contis ont gagné.

Le conseil des prud'hommes de Compiègne a invalidé le 30 août le licenciement de 680 anciens salariés de l'usine de Clairoix. Motif : défaut de motif économique, non-respect de l'obligation de reclassement, non-respect des accords sur le temps de travail qui prévoyait un retour aux quarante heures hebdomadaires, contre des assurances sur le maintien de l'emploi. Les juges du travail ont également condamné la direction de Continental à verser des indemnités à chaque licencié, « entre 30 000 et 90 000 € », selon Me Rilov, un de leurs avocats.

« Méfaits d'annonces »

Prudence et vigilance : le parcours post-Pôle emploi peut être semé d'embûches. Tout du moins d'ambiguïtés. À preuve, les aventures vécues par deux femmes qui viennent de plaider leur cause.

La première, Amélie Artinian, se présente à l'hôtel du Commerce, un établissement deux-étoiles, situé rue de la Montagne-Sainte-Geneviève à Paris. Elle répond à une annonce déposée à Pôle emploi : « Recherche une réceptionniste pour un salaire de 1 638 € brut par mois, maîtrise des logiciels de traitement de texte, très bon niveau d'anglais exigé. » L'offre d'emploi précise « débutants acceptés ». Une aubaine pour Mme Artinian qui pense avoir le profil correspondant à ce poste. Mais après quelques heures passées dans l'établissement, elle est remerciée, le 21 janvier 2011, par la direction de l'hôtel. « En aucun cas, nous ne l'avons fait travailler. Nous l'avons longuement reçue pour un entretien d'embauche, nous lui avons fait passer des tests, ce qui est l'usage dans notre profession. Lors de ces essais, nous nous sommes rendu compte qu'elle ne faisait pas l'affaire », a expliqué la responsable de l'établissement. Sauf que Mme Artinian n'a pas vécu les choses de cette manière. Croyant avoir été embauchée, elle considère avoir été victime d'une « rupture abusive de la période d'essai ». Elle réclame les heures travaillées, soit 121 €.

La seconde histoire est celle de Stéphanie Renaud. Sur les conseils de Pôle emploi, elle se présente chez un cuisiniste installé dans les beaux quartiers parisiens. La jeune femme bénéficie de l'action de formation préalable au recrutement (AFPR). Le principe est clair, en théorie du moins : l'employeur s'engage à établir un CDI après les mois de formation financièrement pris en charge par Pôle emploi. Au départ, tout va bien, tellement bien que le futur patron de Stéphanie Renaud, si content de son travail, lui envoie, le 9 juillet 2010, un e-mail lui promettant de l'engager sans attendre la fin de son apprentissage. Dans son courrier électronique, son futur patron précise même, soucieux de respecter les règles, que cet e-mail a une valeur juridique. Sauf que rien ne se passe comme promis. Et un double problème se présente : le responsable diffère sans cesse sa promesse de CDI et, tout aussi embêtant, ne remplit pas les attestations réclamées par Pôle emploi parce que nécessaires au versement des allocations. Stéphanie Renaud n'est donc ni payée par son employeur-formateur ni indemnisée. Il faudra attendre que, le 26 octobre, elle tombe dans l'escalier de l'agence pour que son patron, prenant peur, régularise la situation au début du mois suivant, sans pour autant lui verser l'intégralité de ce qu'il lui doit. Puis elle se marie, prend trois jours de congés. Et là, c'est le début de la fin. Le responsable de l'entreprise s'énerve, l'accuse de s'occuper plus de sa vie privée que de son travail, de lui avoir fait perdre plusieurs centaines de milliers d'euros, et la licencie pour faute grave. La jeune femme conteste bien sûr, réclame son dû et porte plainte pour travail dissimulé : pas de déclaration préalable à l'embauche, pas de déclaration de l'intégralité des heures travaillées, pas de versement de salaire.

Question subsidiaire et pas des moindres : si elle gagne, qui va payer ? la société ? Certainement pas, elle est en liquidation judiciaire depuis le mois de mars dernier. Les AGS, l'assurance des patrons ? Peut-être, si le conseil l'ordonne, mais leur avocat a clairement exprimé son intention de ne pas verser un seul euro, considérant que la plaignante était en formation, donc prise en charge par Pôle emploi. Que son ex-employeur n'ait pas renvoyé les papiers nécessaires, elle s'en moque. Et que la jeune femme ait travaillé des mois sans rien toucher, ça aussi elle s'en moque. Les AGS ne sont pas des œuvres caritatives et leur dureté à la barre est bien là pour le rappeler.

À l'issue du départage, Mme Artinian a été déboutée. Mme Renaud a obtenu 1 523,22 € d'indemnités de préavis, 3 000 € d'indemnités pour rupture abusive, 1 219,74 € de rappels de salaires, 152,32 € pour les congés payés afférents et l'établissement de bulletins de paie conformes.

L'ombre d'un doute

Le doute parfois s'insinue. Qui de l'avocat du plaignant ou de celui de la défense a raison ? Quel est le récit le plus proche de la vérité ? Un instant, on croit aux arguments de l'un puis quelques minutes plus tard, la version de l'autre est plus convaincante. Alors, qui croire ? Le monde du travail n'est pas fait de deux parties étanches où il y aurait d'un côté des pauvres victimes de salariés et de l'autre d'ignobles salauds de patrons. Il existe une sorte de zone d'ombre, de grisé qui fait qu'un dossier n'est ni tout noir ni tout blanc. Ainsi l'affaire entre Hervé Touron et la SAS école d'Assas.

Le premier est podologue, la seconde est un institut privé de formation de pédicurie-podologie, l'IFPP. Pendant quinze ans, leur entente est cordiale. Engagé en CDI, le 5 décembre 1995, il dispense trois heures de cours hebdomadaires et s'implique dans la vie de l'école qui reconnaît sa compétence. Il participe aux réunions pédagogiques, anime des groupes de coaching, supervise les examens cliniques. Mais à la rentrée scolaire 2010, tout se détraque. Une nouvelle direction est mise en place, qui lui enlève des heures de cours, ne le convoque plus aux groupes de travail, en somme le met sur la touche. Il écrit, demande des explications. L'école d'Assas ne lui répondra jamais. Laissé dans l'incertitude, remplacé par des interventions extérieures, évincé du planning, Hervé Touron finira par démissionner le 14 mars 2011, considérant que ce départ est un licenciement déguisé et qu'en conséquence il a droit aux indemnités légales.

« Balivernes » que tout cela, rétorque l'avocat de l'école d'Assas. Selon lui, la vérité est tout autre. M. Touron a demandé une promotion, donc une augmentation, à l'institut de podologie. Mais celle-ci lui a été refusée, il a tout fait pour se faire virer. Cette plainte devant les prud'hommes ne sert qu'à une seule chose : « Récupérer quelques sous que lui donnera le conseil. » Une ruse donc, imaginée par le podologue qui avait préparé ses arrières. Quand l'école lui demande d'effectuer son préavis, il répond qu'il ne peut pas, continue d'expliquer le conseil de l'institut. Pourquoi ? Parce qu'il avait déjà retrouvé du travail ailleurs. Où ? « À l'Afrep, une nouvelle école de podologie créée en 2010 par ses anciens collègues dont il est resté très proche. Internet a du bon. Il m'a suffi de regarder leur programme pour constater qu'Hervé Touron dispensait des cours de podologie de l'enfant et des personnes âgées. Comme par hasard. » Le chemin n'est pas aussi long que celui de Compostelle, mais ça use, ça use les souliers.

Le conseil a tranché. Ou plutôt non, lui aussi saisi par le doute. Il a désigné des conseillers rapporteurs chargés d'enquêter un peu plus sur le contentieux, réclamer quelques pièces supplémentaires et « mettre l'affaire en état d'être jugée ». Après la remise du rapport, une audience a été fixée quelques mois plus tard. Les juges ont donné raison au demandeur. Pour avoir subi cette rupture au tort de l'employeur, il touchera, notamment, 8 326,50 € d'indemnités de licenciement et les congés payés afférents, 5 000 € pour licenciement sans cause réelle et sérieuse, 4 400,80 € pour licenciement abusif, 1 000 € au titre de l'article 700. La société est également condamnée aux dépens.

PRÉCISION

Les véritables noms des plaignants ont été remplacés par de faux patronymes proches de leur consonance initiale. À l'exception de ceux qui exercent un métier public, de ceux qui font de l'audience des prud'hommes un combat politique et, enfin, de ceux qui ont tenu à ce que le différend avec leur employeur soit porté à la connaissance de tous.

Les jugements dont on fait état ne sont pas des décisions définitives. Les affaires, après avoir été jugées par les conseils des prud'hommes, peuvent être examinées par la cour d'appel.

Pour un tribunal de la concorde

Que faire pour guérir cette juridiction essentielle ? La question est posée depuis des dizaines d'années, sans obtenir de réponse. Ce n'est pourtant pas faute d'y avoir réfléchi dans les instances syndicales, au SAF, au Syndicat de la magistrature, à la CGT, la CFDT, FO. Ce n'est pas faute, non plus, d'avoir avancé des propositions dans les rapports officiels commandés par les ministres de tutelle des prud'hommes, à savoir la Justice mais aussi le Travail. Tout a été dit, tous les points de vue, même les plus contradictoires, ont été exprimés. Et pourtant rien ne se passe. « Chacun se refile la patate chaude », commente l'actuel président du conseil des prud'hommes de Paris. Pourtant, il y a urgence.

La garde des Sceaux, Christiane Taubira, a demandé à Alain Lacabarats, président de la chambre sociale de la Cour de cassation, une étude sur les prud'hommes[1].

1. Cette étude a été rendue en juillet 2014.

Christiane Taubira a également confié à Didier Marshall, Premier président de la cour d'appel de Montpellier, la charge de réfléchir aux juridictions du XXIe siècle. Dans son rapport remis à la ministre de la Justice en décembre 2013, il se disait favorable à l'instauration pour les prud'hommes du système de l'échevinage. C'est-à-dire au remplacement de la composition paritaire – deux et deux – par un trio composé d'un conseiller salarié, d'un conseiller patronal et d'un magistrat professionnel. En somme, étendre le fonctionnement du départage à l'ensemble du fonctionnement des conseils. Autant dire que cette proposition a provoqué un tollé chez les conseillers prud'homaux qui la considèrent inacceptable. Ils ont fait savoir qu'ils refuseraient de jouer les potiches au côté de magistrats professionnels, certes formés au droit, mais pas à la vie de l'entreprise.

« Que connaissent-ils du monde du travail ? » s'interroge Anne Dufour, la vice-présidente du conseil des prud'hommes de Paris. « Ils font leurs études de droit, puis entrent à l'école de la magistrature et siègent. Quelques-uns ont fait des petits boulots pendant leurs vacances, d'autres, non. Nous les juges prud'homaux, nous avons la connaissance du terrain, c'est notre grand avantage. De plus, au-delà du fait de rendre la justice, nous sommes un régulateur des tensions sociales. »

Christiane Taubira suivra-t-elle les recommandations de ces hauts magistrats ? Ira-t-elle dans le sens de l'échevinage ? Créera-t-elle un « tribunal social » composé des prud'hommes et des tribunaux de la Sécurité sociale ? Suivra-t-elle les recommandations d'Alain Lacabarats qui plaide pour un véritable renforcement de la juridiction ? Le fera-t-elle vite ou décidera-t-elle d'attendre quelques années encore pour jumeler sa réforme à une autre ? C'est qu'à ce changement de fond s'ajoute un autre débat qui, lui, relève du ministère du Travail : faut-il maintenir ou non l'actuel mode d'élection des 14 500 conseillers prud'homaux ?

Le problème, c'est que chaque consultation est une déroute. Le taux d'abstention est énorme et augmente à chaque scrutin. En 1979, il avait dépassé les 60 %. Pour celles de décembre 2008, il atteignait le taux record de 75 %. Seul un quart des électeurs avaient participé à cette élection jugée trop complexe et qui, pour aggraver son cas, coûte extrêmement cher.

Deux autres rapporteurs chargés de réfléchir en avril 2010 au « renforcement de la légitimité de l'institution prud'homale » avaient estimé son coût à presque 100 millions d'euros, soit 4,77 € par électeur en 2008, quelques centimes de plus pour l'élection présidentielle de 2007, loin devant les 2,53 € pour les municipales. Jacky Richard, conseiller d'État, et Alexandre Pascal, inspecteur de l'Inspection générale des affaires sociales, avaient alors proposé de transformer le mode de scrutin. D'une élection directe, il passerait à une élection indirecte, via des grands électeurs issus des représentations syndicales pour les salariés ou des représentations des entreprises.

L'idée soumise sous la présidence de Sarkozy a fait son chemin, reprise par François Rebsamen, le ministre du Travail. La CFDT y serait favorable, car elle considère que l'ampleur du taux d'abstention discrédite l'institution prud'homale. La CGT, majoritaire aux conseils, est clairement contre. Pour elle, « la perte du suffrage universel pour ces élections est une attaque à la citoyenneté et un déni de démocratie puisque ainsi 5 millions de chômeurs, ainsi que les travailleurs précaires, se verraient privés de toute expression vis-à-vis de leurs juridictions prud'homales, en ne participant plus aux élections ».

Le bras de fer est engagé. Qui fera pencher la balance dans un sens ou dans un autre ? Pour amadouer les plus hostiles à ce changement, François Rebsamen a sorti de sa manche un argument séduisant. Il a promis que les économies ainsi faites pourraient profiter aux prud'hommes qui, comme on le sait, en ont tellement besoin. « J'ai l'intime conviction que ces sommes seraient plus utiles ailleurs, c'est-à-dire dans le financement de la démocratie sociale elle-même, que ce soit dans le financement de la formation syndicale ou dans celle des conseillers prud'homaux », expliquait-il devant la commission du Sénat. Puis il ajoutait avoir décidé « une dernière prorogation pour deux ans des mandats des conseillers actuels. Ainsi, nous pourrons directement fixer le régime définitif qui s'appliquera en 2017 ». C'est loin, trop loin pour lancer une opération de sauvetage dont les modalités restent à définir. Et puis, comme les élections prud'homales sont traditionnellement fixées en décembre, elles se tiendront sept mois après les prochaines élections présidentielles. D'ici là…

Le scrutin qui se déroule tous les cinq ans était initialement prévu en 2013. Puis il avait été repoussé de deux ans, soit en 2015. Et voilà qu'on ajoute deux ans supplémentaires, portant le mandat des juges prud'homaux à neuf ans. Devant cet état de fait, certains conseillers ont déjà annoncé ne pas vouloir ou pouvoir aller jusqu'au bout. Aux difficultés endémiques des prud'hommes – engorgement, délais, difficultés de mise en état des affaires, place de la conciliation dans la procédure –, s'ajoute désormais la lassitude, voire l'épuisement, des juges.

Pauvre justice du travail décidément maltraitée, mais que ses ministres de tutelle ne cessent de rassurer pour faire baisser la tension. Christiane Taubira a rendu visite au conseil des prud'hommes de Paris. François Rebsamen a déclaré, la main sur le cœur, qu'« affaiblir les prud'hommes, c'est aussi aller contre notre modèle social ». Certes, et c'est mieux que rien. Mais il est temps de protéger – c'est-à-dire de soigner, pas de faire disparaître – cette justice de grande proximité, celle qui est inscrite depuis toujours dans la société civile et qui parle sa langue. Car à ne rien faire, le temps joue contre elle. Et la tue à petit feu. La justice du travail mérite qu'on la sauve de cette lente asphyxie parce qu'elle est, et doit demeurer, le tribunal de la concorde.

Remerciements

Merci à tous les conseillers prud'homaux, au président et au vice-président du conseil de prud'hommes de Paris, aux avocats spécialistes du droit du travail et aux délégués syndicaux qui ont pris le temps de répondre à mes questions et m'ont ouvert les portes de cette juridiction qu'ils savent si bien défendre. Et merci à Catherine Sinet.

Table

Cet ouvrage a été composé
par PCA à Rezé (Loire-Atlantique)
et achevé d'imprimer en septembre 2014
par Cayfosa à Barcelone
pour le compte des Éditions Stock
31, rue de Fleurus, 75006 Paris

PAPIER À BASE DE FIBRES CERTIFIÉES

Stock s'engage pour l'environnement en réduisant l'empreinte carbone de ses livres. Celle de cet exemplaire est de :
700 g éq. CO_2
Rendez-vous sur www.editions-stock-durable.fr

Imprimé en Espagne

Dépôt légal : octobre 2014
N° d'édition : 01
77-07-0005/8